打开青春的方式

施索华　著

春风文艺出版社

·沈阳·

图书在版编目（CIP）数据

打开青春的方式/施索华著. —沈阳：春风文艺
出版社，2024.2
ISBN 978 - 7 - 5313 - 6625 - 6

Ⅰ．①打… Ⅱ．①施… Ⅲ．①心理健康 — 健康教育 —
青少年读物 Ⅳ．①G444-49

中国国家版本馆CIP数据核字（2023）第239964号

春风文艺出版社出版发行
沈阳市和平区十一纬路25号　邮编：110003
辽宁新华印务有限公司印刷

责任编辑：韩　喆		责任校对：张华伟	
封面设计：鼎籍文化　王天娇		幅面尺寸：145mm × 210mm	
字　　数：158千字		印　　张：7.25	
版　　次：2024年2月第1版		印　　次：2024年2月第1次	
书　　号：ISBN 978-7-5313-6625-6		定　　价：45.00元	

序

致青春的你

时光从指尖划过，流淌在讲台上。从我成为上海交通大学思政课教师，到现在已经三十年了，三十年好似弹指一挥间，回过神来的时候已经白了头。年年岁岁花相似，那些青春的烦恼总是类似的，对我来说岁岁年年人不同，讲台下纯真又炙热的目光总是崭新的。

每年，有许多大学生带着对知识的渴望走进课堂，听我讲思想政治理论课和东西方文化比较之类的课程；每年，也有许多大学生带着他们青春的迷茫在生活中与我交流。

其实马克思的青春也曾是迷茫的，在他临近中学毕业的时候，很多同学对未来职业的选择是可以让自己衣食无忧的工作，十七岁的马克思经深思熟虑写下《青年在选择职业时的考虑》一文，马克思说："历史把那些为共同目标工作因而自己变得高尚的人称为最伟大的人物；经验赞美那些为大多数人带来幸福的人是最幸福的人"。

我带领学生学习马克思主义经典，学习中国传统文化，从马克思主义理论中探索我们国家未来的道路，在中国传统文化中回顾我们这个民族来时的路，希望能够指导他们热血又迷茫的青春时代。

我一直认为教学有章，教法无常。人与人之间心灵和情感的交流能使思想、道德、素质、能力等得到最佳的传递。从现实的此岸到理想的彼岸，我愿意做摆渡人，用一份真情、一份真心、一份真意，把思想政治教育转化成一种对真善美的追求，一场崇高而又圣洁的心灵之旅。这场旅程永远年轻，永远热泪盈眶。

思想政治教育并不局限于书本知识的获取和理论的输出，更应注重学生人格的塑造，意志品质的锻炼，世界观、人生观和价值观的形成等影响人一生的德育培养。很多学生和青年教师把我当成知心朋友，愿意和我沟通他们成长中的烦恼。我认为当下的思想政治教育着重解决的也应该是精神家园的问题，正如教育家雅思贝尔斯说，教育的本质乃一棵树摇动另外一棵树，一朵云推动另外一朵云，一个灵魂去唤醒另外一个灵魂。

春风文艺出版社的编辑找到我，希望我从贯通学生成长的思想品德和心理特点方面，为青少年出版一本解决他们青春烦恼的图书。我从这些年同学们向我咨询的问题中，选择了几十则适用于当下青少年的内容，同样也是从中国传统文化和社会主义先进文化的角度，涵盖了人生观、价值观的疑惑，学习的方法、效率、效果，人际交往、人际沟通的技巧，健康心态的养成，友情、亲情的困惑等内容的交流和解答。

三十年来，我为青年教师和大学生写了许多文字，三十年后回顾我的教学生涯，有感动，有感激，也有感恩，我把我的经验和体会分享给今天的你。愿你用自己的方式使用它，叩开青春的大门，度过属于自己宝贵又闪光的岁月，也希望掩卷后的你能有"轻舟已过万重山"的感慨。

仅以此书献给我钟情的教育事业和青春的你！

目 录

第一章

礼形于外，德诚于中
—— 以德服人的办法

第二章

"境由心造"

——心理健康永远第一

第三章

"独学无友，则孤陋而寡闻"
——交往是一门学问

第四章

"君子不器"
——边成长边成才

彩 蛋

礼形于外，德诚于中

——以德服人的办法

中国古人讲："人无礼则不生，事无礼则不成"。

礼仪为什么很重要

> 66 礼仪在生活中真的很重要吗？我是个大大咧咧的人，平时在生活中站没站相、坐没坐相的（这是我妈妈说的）。我觉得现在是科技时代，与中国人交往也好，与外国人交往也好，靠的是实力和专业，不必太在意一些细节问题，您说对吗？99

礼仪是人们以一定的约定俗成的程序、方式来表现的律己、敬人的行为，是人与人之间在接触交往中，相互表示敬重友好的行为规范。

礼仪包括两个方面：一是交往中的文明礼貌，二是交往中的礼节。礼貌，一般是指在人际交往中，通过言语、动作向交往对象表示谦虚和恭敬的态度。

礼节，是指人们在交际场合，相互表示尊敬、友好的惯用形式，它实际上是礼貌的具体表现方式。

生活中我们经常发现，有的学生进门后没有用手握着门把手，然后把门轻轻关上，要么是随手把门一推或一拉，要么是让门依靠惯性来关上，甚至有同学是用脚把门钩上的。天气热时，有的同学穿着拖鞋、短裤就进教室来了。

还有的同学在老师讲课时，在座位上又吃又喝的。尽管都是些日常的行为动作，却真实地反映了当代学生在礼仪素养和礼仪知识方面的欠缺。

礼仪在生活中真的很重要，可以这样说，它体现了一个国家、一个民族的一种文化风格，中国古人讲"人无礼则不生，事无礼则不成，国家无礼则不宁"。礼仪是我们在人际交往中不可或缺的内容和要求，是否懂得礼仪，讲究礼仪，是评价一个人交往能力甚至综合文化素质的标准。

我曾经给一个有外事接待任务的志愿者队伍讲过外事礼仪知识，当时也有人觉得很麻烦，他说："他们要入乡随俗嘛！我们干吗要去了解他们的礼仪知识？"我对他说，只有知己知彼，才能不卑不亢；只有知己知彼，才能以礼相待；只有知己知彼，才能百战不殆。

对于我们今天在校的学生来说，也许在将来的办公室里，坐在你前面的是河南人，而坐在你后面的就是荷兰人，坐在你左边的是海南人，坐在你右边的又是新西兰人。这时我们作为知书达礼之人，就要将良好的礼仪形象展现给世人。

还记得我在课堂上讲过卡耐基说过的话："一个人的成功，只有

15%归结于他的专业知识，还有85%归于他表达思想、领导他人及唤起他人热情的能力。"那么良好的人际关系中先入为主的就是良好的礼仪形象。即使在今天的校园里，学生也要通过良好的礼仪形象来表现精神风貌。

有人说人性的完善是六个字：信仰、求知、仁爱。我认为人格的完美也是六个字，可敬、可亲、可爱。学生如何体现可敬、可亲、可爱呢？应该是温文尔雅，彬彬有礼，谈吐不凡，落落大方。

有的同学认为在学校里每门功课都考得好，已经很优秀了。我说，还不算优秀，还要有综合的文化素质，良好的思想道德品质，再加上得体的礼仪形象。

有一次我出去开会，会议进行到中间，一位与会者推门进来，咕咚坐下后就跷起了二郎腿，一只脚还不停地抖动着。

事后，我知道这位与会者还是位在读的博士，但我仍然认为他没有文化，至少不懂得礼仪文化。会议迟到了，要从边门进来，放轻脚步，选择后面的位置，不要拉动椅子，而是要把椅子端出来，这样就不会发出声音，然后轻轻地坐下。

礼仪是一种文化，而文化就像空气一样无所不在，它在你的每一个眼神、每一个动作中。建议同学们从现在起就把日常生活作为我们礼仪训练的场所。男同学站起来气宇轩昂，坐下去稳如泰山，走起路来刚健挺拔；女同学站起来英姿飒爽，坐下去文静典雅，走起路来温婉端庄。举手投足间要体现出的，是当代青少年的文明与礼貌。

拉近彼此距离

> 我最近搬到一个新的寝室，感到很不习惯，尤其是在寝室里，另外三个同学经常在一起说说笑笑的，尽管她们对我也很礼貌，可我还是感觉自己是一个多余的人。我很想主动拉近与她们的距离，参与到她们的生活中去，又不知道该怎样走近她们。

首先，"知己知彼，百战百胜"，主动地走近对方并被对方接受，第一步是搜集对方的"情报"，三名同学的籍贯、家庭环境、兴趣爱好、性格特点、学习成绩等，对这些情况你要有个大致的了解。

不要直接去问人家，可以通过其他同学和老师侧面地知道一些，这样在主动沟通的时候就有了一个突破口。比如一个同学是湖北籍，你刚好是湖南籍，相同的地理环境、相同的气候特点、相同的饮食结构，让湖南人走近湖北人是不难的。

在平时的生活中也要善于去观察她们，找机会在恰当的场合投其所好，即使是微不足道的小事情都有可能变成关键的节点，让你参与到她们或者其中一个人的生活中去。

其次，主动参与有三名同学在场或者有三名同学之一参与的集体活动。这是拉近与新同学、新朋友关系的最好途径，比你直接参与三个人的活动要从容一些。

在学校范围内的集体活动中，大家彼此都是陌生人，相比起来你却是她们或她的"熟人"，这样你自然就和她们融合在一起了。在这期间你要尽可能地展示你的才能、你的修养、你的礼貌、你的热情和友好，接下来大家就会悦纳你。

再次，拉近彼此的距离，雪中送炭比锦上添花效果要好一些。人是很容易被感动的，尤其是在无助的时候。也不用刻意地去讨好谁，当你发现有个同学身体欠佳或者情绪不对的时候，主动地送上你的关心和关照，比如帮生病的同学打饭、拿药、倒水；陪心情不好的同学聊聊天，给予一些安慰和劝导；等等。有一个同学需要走夜路去办一件事情，你主动说"我陪你去吧"，走到黑暗处别忘了打开手机的电筒。

最后，还要把握好与新同学交往的尺度。你说三个同学经常在一起说说笑笑的，那是因为她们彼此熟悉，也没有什么猜忌。在你观察和了解三位同学的同时，三个人也同时在观察和了解你。你说话办事要有分寸，不能想什么就说什么，想做什么就做什么，更不能随心所欲地表达自己的情绪和情感。你在三个人的面前是孤立的，如果你给其中的一个或两个留下不好的印象，三个人可能会集体排斥你，所以"话到嘴边要留半句"，"开门之前要三思"。

营造你想拥有的寝室环境

> 我是一名刚入学的新生,从小到大我是在爸爸妈妈、爷爷奶奶无微不至的关怀和照顾下长大的,坦白地说我连被子都没有叠过。开学快两个月了,我的床铺和书桌一直是乱七八糟的,寝室长对我很不满意,说我影响了寝室里的文明程度,我也很想改变自己,可又不知道怎么改。

在我国东汉时期,有个叫陈蕃的人,他年轻时很想干一番大事业,立志要"扫除天下",可是他从来不动手把自己家里的环境打扫干净。当时就有人批评他说:"一屋不扫,何以扫天下?"

陈蕃连扫地这样的小事情都不愿意去做,那他的大志向就是不实在的。同样,一个大学生连整理自己的床铺和书桌这样简单的事情都做不好,将来怎么能够成为全面发展的人呢?

对住校的同学来说,寝室是主要生活环境之一,在学校,约三分之二的时间是在寝室里度过的,所以寝室的面貌,在一定程度上体现和反映了学生的文化素质和道德修养。你说你从小到大什么都没有干过，可以理解，因为像你这样的学生挺多的，但到了独立的环境里，就要学着从头开始，像学习一门课程一样学会在生活上自理和自立。

第一，寝室里被褥要折叠得整齐美观，并放在和其他同学一样的位置上。如果自己叠不整齐的话，可以向寝室同学或宿舍管理员阿姨请教，没有人会拒绝你。夏天如果使用蚊帐的话，白天要用帐钩钩好；床单要遮住床，床边不要露出来，除了被褥枕头外，床上尽量少放置其他物品，床铺要保持整洁。

第二，保持书桌的干净和整洁，每天都要擦拭和整理。书桌上的书要按规格或大小长短摆放好，不要摊在桌子上。瓜果皮、纸屑、吃剩的东西也不要往书桌上放，要及时处理掉。

第三，衣服、鞋帽、水杯、热水瓶、脸盆等，按要求统一整齐地放在规定的地方。换下的脏衣服、脏袜子要及时洗干净并晾干，洗前不能乱丢乱放，更不能放在枕头底下，或者是塞在隐蔽的地方。如果有没有吃完的食物，还要注意密封好，每一种食物都有不同的味道，可能有的同学不喜欢这样的味道。

第四，贵重的物品等不用的时候要锁在自己的橱柜里，并保管好钥匙，因为寝室是同学公共生活的地方，安全也很重要。

第五，寝室内外的墙上和门上不要乱写乱画，寝室门前的过道也要保持整洁，不能随便堆放垃圾。

　　第六，如果需要借用同学的东西，虽然是室友，也必须得到物主的同意，不能随便动用，用后还要及时归还并表示感谢。另外有些个人用的东西是不能借用的，比如毛巾、水杯、餐具、脸盆等。

　　有句话叫说"性格决定命运"，还有句话说"细节决定成败"。你将来要想成为一个有作为的人，那就从寝室里的作为开始吧。

如何适应集体生活

> 66 我们寝室里以前晚上11点之前断网不断电，从这学期开始就不断电也不断网了，于是就有同学整夜开灯上网，严重影响了我的作息时间，眼看已经后半夜了，还没有结束的样子，我几次善意的提醒："时间不早了，明天还要上课呢。"有的同学就很不耐烦地说："已经静音了，你还想怎么样？"事实上不是静音的问题，他们看电影的时候会发出笑声，还叽叽咕咕的说话，我很生气也很无奈，还不知道该怎么办？ 99

《人性的弱点》作者、"成人教育之父"戴尔·卡耐基说过：一个成功的管理者，专业知识所起的作用是15%，人际关系则是85%。

美国一间大学曾对毕业十年的学生做过跟踪调查，其结果是：在校学习成绩优秀而不善于人际沟通的学生，毕业后获得事业成功的只占20%，而那些在校时学习成绩一般却很善于人际沟通的，在走向社会后获得事业成功的则占80%。这个调查结果在一定程度上说明，有效的沟通有利于建立良好的人际关系，有利于发挥个体的内在潜能，在人的发展过程中也会起到非常重要的作用。

过集体生活时，每个人的生活习惯不一样，兴趣和爱好不一样，理想和志向也不一样。我们没有权力也做不到让别人适应我们的生活习惯，也没有权力要求别人按着我们自己的要求生活。但是我们是可以互相沟通、互相体谅、互相迁就的。

人是社会关系的产物，我们生活的环境，不可能一点声音都没有。我本身也属于很敏感的人，不要说有人制造声音，就是换一个环境，甚至换一个房间也会睡不着觉。可是我经常出差，于是身上就带着安眠药，总不能因此而拒绝工作吧。再换一个身份说，假如我是一个男孩子，今年刚好二十岁，我要参军去了，不能说我换一个环境甚至换一个房间就睡不着觉而拒绝服兵役吧。

生活有的时候真不是按着自己的愿意来的，我们要学会适应环境。

另外，在学习之余，也要抽出一点时间和同学打成一片，培养自己多方面的兴趣和爱好，以兴趣结交朋友，以爱好交流信息，都可以融洽与室友的人际关系。如果你和你的室友是非常好的哥们儿，是无话不谈的朋友，哥们儿是可以两肋插刀的，真正的朋友是可以同生死、共命运的，那还存在现在这样的矛盾吗？

当然了，要达到这样的境界有点难，也不是一朝一夕的事情。

还有一个比较折中也算是比较无奈的办法吧，很简单，两只耳塞、一只眼罩就可以了，如果在网上买的话，很便宜，十块钱就够了。如果我们改变不了别人，那就只能改变自己了。

我们常听到说"性格决定命运"，以及"细节决定成败"。你将来要想成为一个有作为的人，那就从寝室里的作为开始吧。

生活是一个大课堂，我们每个人都需要不断的学习和实践，读好书的同时也要读好自己、读好他人啊。

竞争和合作可以双赢

> 66 我要参加一个科创活动，我的朋友也在这个小组，老师让我们每个人拿出一个方案来，谁的方案通过了，就作为这个组的项目，方案的设计者就是这个小组的组长。我有点小纠结，嘴巴上说不在乎，心里还是很在意的，平时我们写作业、做计划都是互相商量互相合作的，可是这个方案的设计就有点敏感，我该怎样面对这件事，怎样处理竞争与合作的关系？99

学生参加科创活动，其宗旨是宣传推广科研创新的理念，使爱好学术及科学发明的同学们聚集到一起相互交流、相互学习，以达到共同进步、共同提高的目的。这件事情表面上看是竞争，实际上是为了学习和提高。

不管谁的方案被采纳，最终还是要靠大家共同完成的，在完成项目的过程中得到的锻炼、收获的知识和经验，我想比谁是这个小组的组长要有价值得多。

在学校里的学习与实践是为了尽快地成长成才，更好地走向和适应社会，你学到的知识五年以后还是可以用的，可用谁的方案和谁当这个组的组长，五年以后还会有很大影响吗？

经济类的课程中，有一种理论叫"龟兔双赢理论"。龟和兔多次比赛，互有输赢。后来，龟和兔合作，兔子先把乌龟驮在背上跑到河边，然后乌龟又把兔子驮在背上游过河去，这就是"双赢"。你们不是室友嘛，又是哥们儿，可不可以换一种方式，两个人通力合作，完成一个或者两个方案，那被采纳的可能性就翻了一倍，即使两个方案都没被采纳也没有关系，看看被采纳的那个方案优势在哪儿，自己方案的不足又在哪里。那收获可就大了。

竞争离不开合作，合作可以更好地取得胜利。现在的很多比赛都是团体赛，即某一团体内部或多个团体之间通力合作。竞争促进合作的深度，合作增加竞争的实力。一个人只掌握知识和技能，不懂得与人合作，也往往无法充分展示自己的才能。

学习中要学会与人合作，生活中也要学会与人合作，将来到了工作岗位上更要学会与人合作，这样才能收获丰富的人生。

在现代科学技术条件下，单枪匹马、孤军奋战很难有大的作为。重大科技成果的获得者，大都是团体冠军。只有在集体中才更能充分地体现个人的价值，今天的事业是集体的竞争，与他人相容的人、善于合作的人成功的机会更大。

变被动为主动

> 生活中我是一个比较被动的人，上学期参加了两个学生社团，可我发觉我是一个多余的人，我根本就找不到自己的位置。看别人忙忙碌碌的，却不知道自己该做些什么，也没有人要求我做什么，后来我就退出了。现在我除了学习本专业的知识外，整天无所事事。其实我很想主动地做些事情，也想做出些成绩来，可是又不知道如何主动。

主动的第一点，就是要找准自己的目标。你说你在社团活动中不知道自己该做些什么，也没有人要求你做什么，那是因为你在这个团体中没有找到自己所要追求或为之奋斗的目标，人没有了目标也就没有了动力。

考虑一下，你参加社团的目的是什么？你想要达到什么目标？比如你参与一个活动，你想让这个活动达到什么样的效果？你自己或别人的满意度如何？

然后给自己的目标做一个计划，每当完成一项工作时，就去检查一下这个计划，看执行的情况怎么样，还有什么内容需要加上去，还需要向别人学习和借鉴什么。

你要主动出击，能找到自己的位置，从而争取到更多的机会，才能不断地提高自己的经验和能力。

第二，眼睛里要有"活儿"。日常生活也好，社团活动也好，要眼勤，嘴勤，腿勤，不懂的就要问，多跑几趟也没有关系，至少在跑的过程中你熟悉了途径。

你还要学会注意细节，因为"活儿"就在细节中，你经过一个过道，发现一个拖把横在那儿，眼睛没"活儿"的人会迈过去，眼睛有"活儿"的人就会主动捡起来放到该放的位置去。也许一个细微的举动就会让别人对你刮目相看，你就有可能得到别人的欣赏或任用。

当然生活中的"活儿"不会像拖把横着那么明显，要善于去发现，就会变被动为主动，也就不会如你所说无所事事了。

第三，做点"分外"的事。做个积极主动的人，除了眼睛里有"活儿"外，还能把分外的工作做好。一个同学今天要参加考试，你就主动把他的活儿接过来，尽管很麻烦，你还是很努力很细致地做好了，别人就有机会发现原来你是一个多才多艺的人或者你是一个可以身兼多职的人，这样你才能拥有更多的机会。

另外在社团活动中多做事，尤其是"分外"的事，也会拓宽自己的知识面和接触面，由此给自己提供了学习的机会和成长的机会。

第四，从小事情做起。变被动为主动还要从点滴做起，一般来说，大事情是可遇而不可求的，我们不可能等着大事情发生才去积极主动。而小事情每时每刻都会出现在我们身边。

主动、轻松又快乐地去处理小事情是很容易的，既然容易就要持之以恒，日积月累，主动就变成了习惯，把这种习惯坚持下去，你的能量慢慢就发挥出来了。有作为的人，把每一件小事做到尽善尽美，最终在大事情上也就取得了成功。

一个积极主动的人不会被动地等着别人告诉自己应该做什么和不应该做什么，而是主动去了解自己想要做什么，能够做什么，然后找到一个平台，在这个平台上好好规划它们，尽心尽力地去完成。

做一个耐心的听众

> 66 我认识了一个新朋友，在交往的过程中发现他是一个很会讲话的人，我们在一起的时候常常是他在说话，而我只有听的份，我觉得自己很被动，我是不是也要像他一样呢？ 99

这里有个真实的故事，有位彼得先生，想从一位痴迷于希腊神话的教授手中买一处房子。彼得没有学过希腊神话方面的课程。就在这笔买卖成交之前，教授邀请彼得去他家吃晚饭。

在去教授家之前彼得翻了翻书，从中找出了几个神话方面的热门话题。吃饭的时候，他便把这些话题抛了出去，想看看教授做何感想。

结果教授一开口便滔滔不绝。彼得没有办法，只有洗耳恭听——一是因为他对这些话题一窍不通也插不上话，二是因为教授的话一刻都没有停过。

后来在彼得临走的时候，教授对他说，这是一顿让人高兴的晚餐。结果呢？教授除了把房子卖给他以外，又白送他好多家具，因为在教授看来，喜欢希腊神话的人都是他的知音。

如果和别人在一起的时候常常是对方在讲话，而你只有听的份，这很好啊，说明你是一个让他感到很愉快的人，或者说你是一个让他能够敞开心扉的人。

在这个世界上碰到一个能够让自己敞开心扉的人，是一件很幸运的事，你让你的朋友感到很幸运，说明你给了他非常好的印象，或者说你让他感到很愉悦。

如果还没找到合适的切入口，就先做个耐心的听众吧，通过倾听来加深对他的了解，通过倾听来发现自己感兴趣的话题，在倾听的过程中，自然而然会变被动为主动。在交流的递进中，逐渐感到对方就是一直在寻找的知己，这种感觉该有多美好。

真正的关心

> 66 我一直觉得在学校里，学习是第一位的，因为将来到了社会上拼的是实力。我不会与人交往，不懂得关心别人，也不知道怎样与人相处。上学期经历了许多事情，让我知道良好的人际关系其实也很重要。可是生活中我是个孤家寡人，我很想去关心别人，又不知道怎样去做。99

心理学认为，在这个世界上善于关心别人的心理、关心别人的利益、关心别人的兴趣和爱好是任何一个成功者必要的素质和能力。学生要学会与人交往，首先要懂得礼貌待人，懂得关心和尊重别人。从德育上讲，真正的关心是一种良好的道德意识；从社会适应性来说，真正的关心是一个真正强者具有的社会适应能力和行为智慧。

现在的学生很多都是独生子女，有的不愿意与人交往，有的愿意但又不知道怎样与人交往，还有的由于从小到大受到家长无微不至的关怀和照顾，养成了心里只有自己没有别人的习惯，这些都可以理解。但是到了大学，等于一只脚已经踏进社会了，就要学会与人交往，在交往中学会关心别人和帮助别人。

关心别人就要像关心自己一样，生活中你不想让自己受委屈吧，那就不能让别人受委屈。要经常站在别人的立场上去看待问题，以诚换诚，以情换情，以心换心。朋友难过的时候，及时递上一张纸巾；朋友遇到困难的时候，你要尽可能地给予一些帮助。

关心人的前提是尊重人。受人尊重是人的一种内心需要，是一个人自我存在价值的一种肯定，尤其是年纪轻的人更渴望他人的理解和尊重。

同学之间的交往要尊重他人的人格，他人背后的家庭，他人生存环境的风俗、习惯等，不要以人的地域之别、经济状况的好坏、相貌外表的差异而轻视人、取笑人，甚至愚弄人。

其次是严以律己，宽以待人。事事斤斤计较，苛刻待人或者是得理不让人，就会使自己变成孤家寡人。

你要明白每个人的性格、脾气、兴趣爱好和行为习惯都不一样，有的人是急性子，有的人是慢性子，有的人热情开朗，有的人谨小慎微，在同样的场合不同的人就会有不同的表达方式和方法，你不能事事要求别人和自己一样。你自己有这样的想法，别人不一定有；自己能做到的事情，别人不一定能做到。给别人一个自由宽松的空间，宽容了别人，也就从容了自己。

关心他人可以从小事做起，帮助一个同学辅导功课，给一个生病的同学打饭取药，或者给一个失意的同学几句诤言或安慰的话，往往就会收到意想不到的效果。

如果你的朋友要去做一件有些困难的事情，应当给予他充分的肯定和鼓励，并且告诉他，你永远站在他的背后，做他的支持者和维护者，这样亲和力和凝聚力便自然出现了，人际关系也由此柳暗花明，豁然开朗，你也就能够更好地适应外部环境，促进自己尽快成长成才，全面发展。

赞美的分寸

> 66 生活中我是一个直来直去的人，有什么说什么，也常常因为说话过于直接而得罪人。我看不起戴假面具和虚伪的人，我知道有的时候要委婉，要赞美别人，可是我掌握不好尺度，我不知道怎样是言不由衷的"圆滑"，怎样又是真心诚意的赞美。99

　　为人处世是一门学问。每个人都有自己待人接物的原则和方法，如同你比较耿直、坦率、单纯一样，有的人在待人接物或为人处世方面就会显得圆滑世故一些。中国有一句老话：到什么山唱什么歌，见什么人说什么话。

　　因为对象不同而说不同的话，做不同的事，这也是一种生存的技能和技巧。你所说的戴假面具和虚伪的人，一则有不得已而为之的原因，二则也可能是为了拉近彼此的距离让别人接受自己而采取的一种方式。当然也存在着善于伪饰自己的人，这样的人就很难让人产生信任感。

生活中懂得人情世故，并不代表是戴着假面具来对待人生。适当地"圆滑"些，不仅能让对方很开心，自己在人际交往中也会产生一种满足的幸福心理。

举个很简单的例子，当你看见邻居抱着个襁褓中的小婴儿，客观地说，长得不好看，但是周围的人都说好看，你心里也知道不好看，你是直接说"哇，好难看啊"，还是说"哇，好可爱啊"，当然是后者。道理很简单，选择婉转或者回避矛盾，不失为让别人开心而自己又不会陷于失礼和被孤立的一种方法。

当然，这并不是说在人际交往当中你必须放弃自己率真的真性情，更不是说要你去伪善地对待别人。其他人如何圆滑世故，其实都有或明或暗的心理基础，只要你能够学会辨别，宽容对待就行了。

关键是你自己要知道哪些原则问题不能放弃，哪些非原则问题可以委婉地表达或者回避，这样才能在坚持自己的同时也能与其他人很好地相处和交往。

社会是纷繁复杂的。每个人的成长阶段都会有一个过渡期。你不要着急，坦然地去面对周围的一切。在这个世界，只要我们相信真诚是存在的，相信世界是美好的就可以了。

每个人的性格都不一样，每个人都有每个人的思维方法，但有一种方法，人人采用后的结果是一样的，那便是微笑和宽容地对待生活。

其实，只要自己快乐了，看世界也会更美好，都有助于我们融入这个社会，都有助于我们更有效地发挥自己的潜能。生活不会因为你而改变，所以你要学着适应生活。

值得人赞美的，一定是对方引以为傲的东西。先想一想对方的优势或特点是什么，特长在哪里。如果你赞美的正是对方的优点或特长，对方就觉得你很懂行，很有眼光，很会欣赏。另外，赞美必须得体。

一个男生很想拉近与一个女孩子的距离，有一天，他忽然发现了新大陆一样对这个女孩子说："哇，你好漂亮啊！"其实这个女孩子真的不算漂亮，如果她有自知之明的话，这个男生肯定会弄巧成拙，女孩子并不买他的账。

他还不如这样说："你的气质真好！""你看起来很有修养啊！"还有，背后的赞美往往会事半功倍，一旦对方知道你在背后赞美他，他会认为你这个朋友值得一交。

赞美的话也不能过多，过多了，对方会觉得不自在，甚至会认为你惯于花言巧语，因而不信任你。在与多人的交谈中，如果赞美得过多，还会妨碍大家的谈话。频频地跟对方说"你真漂亮""你真聪明""你真能干"，对方就得频频地表示感谢，或者频频回应你的赞美，这就真的是虚伪了。

其实每个人都愿意听到赞美的话，为了不让人失望，可以用很委婉的方法。如果你的同学今天穿了一套新衣服，她对你说："这是我买的新衣服，你看怎么样?"

其实即使这套衣服真的就不怎么样，也千万别说"不怎么样"或"不好看"之类的话，应该从另外的角度说："怪不得你今天看起来这么有精神呢。"

送礼物有讲究

> ❝ 我是一名性格比较开朗的女生，为人很大方，喜欢结交朋友，在与朋友交往的过程中也愿意送礼物给他们，可是我常常不知道该怎样送礼物，送什么样的礼物才合适。❞

施比受更幸福。送人礼物是一件很幸福的事情，也是一件让人感到很愉快的事情。

送礼物也是要讲礼仪的，甚至可以说是一门学问。

作为学生送朋友礼物，不是为了显示自己富有，也不是为了满足别人的物质欲望或者什么要求，而是为了表示自己对好朋友的慰问、祝贺、感恩或者关怀。

常言道"礼轻情意重"，在选择礼物的时候，不一定要贵重，但要有特点、有特色、有纪念意义或者有使用价值，比如纪念品、对方喜欢的小食品、小工艺品、抱枕、画册等等。

按照我们中国人的习惯，送礼物给别人是希望别人能够笑纳，所以送礼者的姿态要放低，要很谦虚，不能居高临下，"一点小心意啦！""区区薄礼，不成敬意啦！"会让对方很愿意接受。

千万不能说："这是很贵重的东西。""花了我一大笔钱啊。"再贵也不能说贵，其实贵与不贵，谁的心里都有数，不用说出来，说出来就给人压力了。

对于一个生活状况不太好的同学，最好送给他有实用价值的礼物，与其送一件包装精美的工艺品，还不如送一把漂亮又耐用的折叠伞。生活中"雪中送炭""雨中送伞"比"锦上添花"更有意义。

还有，千万不要把以前别人送的礼物转手送出去，不要以为人家不知道，送礼物给你的人会留意你有没有用过他所送的物品，接受你礼物的人也说不准真的就知道这份礼物是别人送给你的。

送人礼物的时候，要记得把礼物上的价格标签拿掉，不管贵重还是便宜，标签留在礼物上，你的情分就被打折扣了。

另外，无论礼物本身的价值如何，如果用包装纸仔细地包起来，会在比较细微的地方显示出送礼者的心意。

如果是送给女同学的话，用彩色的纸包装或者是放在一个小盒子里，再用彩带系成一个漂亮的蝴蝶结，这份礼物就意义非凡了。

如果送朋友的礼物，不是食物或者日用品的话，随礼物附上一张小卡片，写上一些真情实意的话，也许这张卡片就是见证学生生活和你们之间友谊的小档案。

回送给朋友礼物的时候，不必考虑他给你那一份的价格，只要考虑你送给他的东西对他来说有没有意义就可以了。如果过分地在意礼物的等价，对方会认为你的回赠只是为了完成任务，而非来自内心的真诚。

帮助人也要给人面子

> 66 我是一名学生干部，最近在协助老师做一件帮困的工作，给困难学生发放生活补助。应该说这是一件好事情，可进行得并不顺利，有的同学根本就不领情，甚至一副很不愿意的样子，我不知道他们为什么会这样，还是我哪里做得不对。99

年轻人的自尊心很强，谁会愿意被贴上贫穷的标签呢？帮助人也要给足人面子，所以做这项工作，可是有学问的。

首先要确定哪些人为帮助的对象，这件事不能大张旗鼓地进行，尤其不能在课堂上公开要求同学申报或者是发放表格，以大学帮困的情况来说，各院系的辅导员或教务老师那里都有学生的情况信息表，里边的内容会很详细，包括家庭状况、父母职业等，从这里可以了解到大概情况，还要征求一下班主任的意见，小范围在班干部中做一些了解，再根据这个同学平时的生活状态，基本就可以确定人选了。

确定了的贫困生不能一次性集中，要单独面谈，如果是来自城市里的学生，可以对他说："从老师那里了解到你家里的经济状况不太好，刚好学校里有一项补助，麻烦你填一下表格，明天下午直接交给我，或者交给老师就可以了。"

如果是来自边远地区的学生，你可以说："从你的情况信息表上了解到你是来自发展相对落后地区的学生，学校里有一项针对性的补助，是准备发放给你的。"你要说他是来自发展相对落后地区的，不能说是困难家庭的，这样更委婉一点。

生活中很多事情的成功还是失败，往往就在于对细节的处理，处理得好，尽管是很小的事情，也会给人的一生留下美好的回忆。

若以一种高高在上的姿态去帮助人，人家要么不愿意接受，要么接受了，心里也会不舒服，甚至有的人还会产生怨恨。

现代社会的贫富差距比较大，在校园里也一样，这时候人与人之间更需要的是温暖、尊重、平等与博爱。

作为一名学生干部、团支部书记，你为同学做了很多服务性的工作，老师同学都是看在眼里的。相信在以后的工作、学习和生活中你会收获到许多课本以外的知识与经验，这些知识与经验对你走向社会有很大的帮助，对人的一生来说也是难得的财富。

我该怎样和父母相处

> 66 很多时候我不愿意回家，因为我无法面对我的父亲母亲。从我记事起，他们就不停地吵架，有的时候还会动手。在我读高中的时候他们不吵了，大概因为怕影响我高考吧，但他们仅仅是不吵了，彼此却不说话。最近他们吵架增加了一项新的内容，就是两个人都想把我拉过去做他们的同盟军，我因此产生了厌烦的情绪，甚至盼着他们早一点分开才好。这样的父母让我如何面对？ 99

高中时候他们不吵了，因为怕影响你考试，这说明这对"冤家"彼此的感情已经很糟糕了，但他们还是有相同的地方，那就是他们同时爱着另外一个人，就是你。对父母来讲你非常重要。

他们现在吵架又增加了一项新的内容，就是两个人都想把你拉过去做他们的同盟军。我之所以说他们是一对"冤家"是因为两个人都在较劲呢，一方想控制另一方，另一方不肯让步，你如果加入哪一方，哪一方的力量就会雄厚一点。

在我看来，他们并不想分开，如果他们想分开早就分开了，所以你也不要盼着他们早一点分开。

在这个世界上最难割舍的就是亲情了，尤其是有血缘关系的亲情。我在一本杂志上看到，有一对夫妻离婚了，母亲把儿子带到另外一个城市生活，并且断绝了孩子与父亲的任何关系。这个孩子就拼命读书，成绩非常好，初中的时候就要求住校，母亲以为孩子是为了锻炼自己独立生活的能力呢，有一次母亲去儿子的学校看望儿子，发现儿子不在学校，他偷偷跑回原来的城市去找自己的父亲了。

这就叫父子情深，老话说打断骨头连着筋，是割舍不掉的。

这一点上你还是要感谢你父母的，他们长年累月地吵架可还是没有分开，至少可以让你随时随地想看就能够看到自己的父亲母亲。

所以不管父母的关系怎么样，你都要爱他们，呵护他们，帮助他们。

真正的夫妻之道是体谅，是理解，是宽容。两个人要在一起生活一辈子，个性、脾气、习惯等是双方的父母和家庭给他们的，是靠爱情改变不了的。夫妻是互助组，要互相帮助，也要互相迁就，只是你的父母不懂得这个道理。你现在已经是大孩子了，可以试着把这个道理讲给他们听。

你是他们最亲的人，你要做他们的说客，要做卫道士，还要做审判长。作为亲生的孩子，不管你说什么父母都不会真生气，所以你是最佳的人选。

呵护一朵名叫感恩的花

> 66 经常看到公益广告提倡感恩，许多演出的节目也会有感恩的环节，但感恩应该具体怎么理解，需要怎样的分寸和方式，我感觉没有被说得很清楚，看到的只是表演。99

多年前有一次上课，当时是上海的11月下旬，气温骤然下降，我问前排座位的一个同学，最近一次与家里联系是什么时候，他说就是在今天早上，妈妈看了上海的天气预报知道上海降温，让他加一件厚衣服。

我知道这是一位来自北方的同学，我问他："你有没有让你的妈妈也加一件衣服？"他说："没有。"

我请这位同学掏出手机："今天正好降温，请你马上给父母发条消息，只要四个字'天冷加衣'。"瞬间，有上百人同时掏出了手机，多位同学的眼里泪花在滚动。

上百个学生在同一时间、同一地点对他们的父母亲说出了这同样一句没有任何索取的问候。

大部分独生子女的家长都有这样的体验。父母任劳任怨、含辛茹苦把孩子带大，可孩子并没有任何感激与回报。孩子要求大人做十件事，大人做了九件，只最后一件没有做，那么你前面那九件算白做了，之所以这样，与父母对孩子的教养态度有关。

一是溺爱，小孩子集无限宠爱于一身，只知道索取，不知道给予。二是父母亲在无限给予孩子的情况下，也从没有向孩子索取过什么。三是父母亲在孩子面前一直以强者的形象自居，小孩子认为父母亲不需要索取。

一个小孩子对被雨淋湿的一只流浪猫心生怜悯，是因为在这一只小猫面前他是强者，可是在父母面前孩子一直是被父母照顾的弱者。

很多父母亲把自己的苦、自己的累、自己的委屈与无奈统统埋在心里，即使流泪也不会当着孩子的面，于是孩子就会认为父母不需要关照。在生活中我们常常发现，当一个家庭忽然发生了变故，小孩子就仿佛一下子长大了，懂事了。平日里，父母也应该让孩子知道，自己也需要帮助，也是需要孩子的呵护和关爱的。

卡耐基曾说，"忘恩是人类的天性，就像野草一样，而感恩却像一株玫瑰，必须施肥、浇水，给它教养、爱和保护"。

我们每个人都有父母，每个人长大了都可能会为人父母，在孩子长大成人之前，都由父母所养育。作为感激和回报，孩子从小要学会善待自己的父母，将来父母年老了，生活不能自理了，孩子要在生活上、精神上供养父母和关心父母，孝敬父母是一个人义不容辞的责任和义务。

在家庭教育中，言传不如身教，遗传不如环境。

在这个世界上从青丝到白发，始终会把你珍藏在心里的，除了你的父母还会有谁呢？

仪表形象代表着你这个人

> 我是一名男生，生活上我比较随意，尤其是在仪表方面一直不大在意。最近我报名参加了一个志愿者活动，负责接待校外专家的来访，班长说，让我仪表形象好一点，还要穿皮鞋，正装，打领带什么的。这些我都有，只是平时也不穿，我不知道怎样的仪表形象才合适，怎样通过仪表形象让自己更加优秀。

仪表是指一个人的外观，通常是指这个人的外部轮廓、容貌、服饰和举止等。一个人的仪表形象在工作、学习和生活中起着不可忽视的作用，所谓质于内而形于外，形象好气质好，既是对他人的尊重，也容易获得他人尊重。

对于男生来说，首先是发型的修饰，最重要的是整洁和规范，发式要适合自己的脸型、年纪和身份，长度要适中，别太短也别太长。大多数的男生都是油性的头发，最好勤洗头发。

其次是面部的修饰，除了保持面孔的整洁之外，毛发比较浓密的人还要注意清除多余的毛发。另外，在工作期间还要注意自己的口腔卫生，有些食物会留下令人介意的味道，比如葱、蒜、韭菜、海鲜、羊肉等，餐后一定要漱口，漱口的时候照一照镜子，看看牙齿是否干净。

接下来就是着装了，如果出席正式的场合，需要西装打领带，西装一般以深色的为主，首选是蓝色或藏青，其次是灰色，因为你年轻嘛，尽量避免纯黑色的西装。如果一定要穿黑色的，那也要有条纹暗格什么的。建议不要穿浅颜色的西装（比如有点小胖的话），浅色西装对人的要求是很苛刻的。

领带是西装的灵魂，颜色要和衬衫、西装相互配合，整体协调。在穿西装打领带的情况下，脚上一定要穿皮鞋，不建议穿运动鞋等。皮鞋要保持光亮、整洁，不变形，最好是有鞋带的皮鞋（从礼仪的角度讲，上有领带下有鞋带，这是原则）。另外，袜子的颜色也要和西装、皮鞋的颜色搭配，一般来说以深色为主。

要求这么多，真是太麻烦了，但是可以让你变得很优秀。

第二章

"境由心造"

——心理健康永远第一

人生是一门艺术，实则也是驾驭情感的艺术。

怎样认识自己

> 有一段时间我很困惑，常常对自己没有信心，发现身边的同学个个比我强，他们口才比我好、成绩比我好，甚至长相身材都比我好。我搞不清楚自己的定位在哪儿，我该怎样去认识自己呢？

曾有位师傅给他的徒弟一块小石头，让他到菜市场去卖掉。小徒弟来到菜市场，把小石头摆在那里，路人觉得很奇怪，纷纷围拢过来。

一个年轻妇女说："这块石头很光滑，也很小巧，可以给我孩子当玩具。"一位老年妇女说："这块小石头的形状很奇特，可以放在金鱼缸里做摆设。"一位中年男子说："在石头上钻一个洞，可以做秤砣嘛。"

于是这块小石头的价格可以卖到五块钱。小徒弟回来对师傅讲这石头可以卖到五块钱。师傅又让他到首饰店去，徒弟把小石头摆在了首饰店里，人们猜测，大概是一块玉吧，可以加工成一个坠，于是这块石头可以卖到一百块钱。

小徒弟再回来，师傅又让他到珠宝店去，这一回人们猜测这块石头大概是一块天然的、没经过打磨的钻石，最后，价格竟然可以卖到一千块。小徒弟回来，师傅说对他："记住，永远不要到菜市场去认定自己的价值，因为人生跟着自我认定走。"

其实每个人都有过人之处，都有别人所不具备的优点，所谓"天生我材必有用"。

你可能长相一般，但你的眼睛雪亮，你的观察力很强；你可能身材不佳，但你头脑聪慧，反应灵敏，你解题的速度比一般人快；你可能不善辞令，拙于表达，但你分析问题十分精准；你也可能比较害羞，不善交际，但是你心地善良，心灵手巧。

这些都是别人所不具备的，这就是信心的基础。每个人都要正确认识自己，知道自己最大的本领是什么，自己的优点在哪里，之后扬长避短。

生活中要有所取舍，不可能面面俱到，这样才可以使自己更加自信，更能够发挥自己的特长，做到学业有成、事业有成。

同时，在发挥自己的特长，展现自己最大本领的时候，也要注意正确认识自己的弱点，学会如何克服自己的弱点，这是更为可贵的习惯。

别怕悲观和失望

> 升学后我常常莫名其妙地悲观和失望，干什么都无精打采，没有目标，没有方向。如果不上课的话，不到十一点半我是不会起床的。我是不是得了抑郁症呢？怎样判断自己是否得了抑郁症呢？

抑郁一般情况下具有以下9个常见特征：

1. 一天中的大部分时间意志消沉，几乎每天如此，通过两种方式得到证明，一个是主观表达（如感到空虚、无助、悲伤等），另一个是别人的观察（爱哭泣等）。青少年表现为情绪的莫名急躁。

2. 一天中的大部分时间内，对所有的事情或者几乎所有的事物明显感觉兴趣不大或者不感兴趣，几乎每天如此（通过自己的主观表达和别人的感受得到证明）。

3. 没有节食却体重明显下降，或体重增加（例如一个月的体重变化超过5%），或食欲增加，或食欲降低，几乎每天如此。

4. 失眠或者嗜睡，几乎每天如此。

5. 激动不安，或者反应迟钝，几乎每天如此（通过自己的主观表达和别人的感受得到证明）。

6. 疲劳或者无精打采，几乎每天如此。

7. 感觉自己或者环境一无是处，或是感觉过多地、不恰当地内疚，几乎每天如此，不仅仅是因为生病而自责或者内疚。

8. 思考或集中注意力的能力下降，或者犹豫不决，几乎每天如此（通过自己的主观表达和别人的感受得到证明）。

9. 反复想到死（不仅是对死亡存在恐惧），反复出现自杀的念头而没有明确计划，或试图自杀，或有明确的倾向。

以你的情形看，应该不是得了抑郁症，而是拼命努力得到结果后的懈怠。你必须让自己振作起来，给自己设定一个计划和目标，一件一件去完成，让自己每天都有事情做。

如果自己不能够自律的话，就请别人来帮忙监督，最好是找一个和你关系比较好的同学，两个人一起上课、一起自修、一起参加活动。在学习和活动中再结交一些新朋友，慢慢地生活就会充实和忙碌起来，也就没有时间悲观失望、无精打采了。

"被嫉妒"时做点啥

> 66 我是一名女生，是校礼仪队的成员，最近又竞选上了学生分会主席，由于经常参加各种各样的活动，'上镜率'挺高的，我的生活也很充实和愉快。可是我的宿舍人际关系出现了问题，另外三个女生明显在孤立我，她们一起上课、一起自修、一起吃饭，无视我的存在，聊天的时候我刚一插嘴，三个人就集体保持沉默，我知道她们是嫉妒我才会这样，我很难过。'被嫉妒'了，该怎么办？ 99

与嫉妒自己的人相处，要讲点策略和原则，尤其在目前"三比一"的状态下，更不能硬碰硬。

如果想继续相处，看看下面几点是否有效：

第一，降低自己的高度，拉近彼此的距离。

生活中取得成绩，被人夸奖是件很正常的事情，可是如果自己夸耀自己，别人就会不舒服。在取得成绩，别人赞美你的时候，可以降低自己的高度，甚至讲讲自己很失意的事情，不如别人的事情，让对方知道你也有不如人的地方，对方的嫉妒心就会消除一些。

所以面对嫉妒自己的人，要突出自己的劣势，淡化自己的优势，想一想在与人交往的过程中是不是自己强势了一些？如果是，最好改正。另外，得意的人对失意的人注意处处礼貌和周到，对方会因为你的礼貌感到好过些，就算心里有嫉妒，也因为你以礼相待，愿意与你沟通和交流。

还有，你不是学生干部吗？你是有机会也有办法让你的室友们也"上镜"的，让人不眼红你，学会分享、共享，嫉妒之心也许就转为感谢之意了。

第二，提升自己的实力，拉大与人的距离。

面对嫉妒自己的人，这是另外的一个办法。嫉妒在英语里和羡慕是同一个词，其实她们也是羡慕你的，因为心理不平衡，才会孤立你。

把自己的实力提高到让别人望尘莫及的地步，剩下的就是羡慕了。一个女孩子会嫉妒比自己漂亮的女同学，可她会嫉妒比自己更漂亮的女明星或者是偶像吗？

所以最佳的面对嫉妒的办法是努力让自己更优秀，拉大与嫉妒者的距离，这样，别人的嫉妒就转化成为对你的钦佩了。

如果只比别人强一点或者两点，别人会嫉妒你，如果你比别人强很多很多点，那他们只能是佩服、欣赏，甚至是以你为荣了。

第三，走自己的路，让别人说去吧。

你是校礼仪队的成员，又竞选上了学生分会的主席，你说你的生活过得很充实和愉快，那么对别人的嫉妒，如果不在意的话，应该说对你的学习和生活不会有太大的不良影响，即使有，也在你可控制的范围内，有的时候沉默也是金啊。

与嫉妒自己的人相处，最好不要刻意采取一些什么方式来对付他们。因嫉妒心理本身就是多疑、猜忌和怨恨的。

有句话叫见怪不怪，其怪自败。

与其费尽心思去琢磨和应付，浪费自己的大好时光，还不如来个无为而治，上善若水，走自己的路，让别人说去吧。

"嫉妒" 的转化

> 66 我是一个争强好胜的人，从小学、中学再到大学，成绩一直不错。只是我容不得别人超过我，尤其是我身边的人，哪怕是我最好的朋友，看到别人取得好成绩，我心里就会酸酸的，不是滋味。我知道嫉妒别人是一种坏习惯，可是却改变不了，心里常常很难过。99

嫉妒是人之常情，人们往往无法愉快地接受别人成功的刺激，从深层次讲它和我们内心世界对外部环境的不安全感有关，只是每个人反应的程度不同而已。

轻微的嫉妒对人生还是有激励作用的，可以让人不服输，不甘于落后，是推动一个人不断进步的动力。但是如果有些嫉妒心理异常敏感，一旦发现有一点不如别人的地方，就会觉得自己很失败，而且还听不得别人的任何好信息，好像别人的成功是在自己受伤的心上撒了一把盐，这样的心理就是消极、有害的了。

嫉妒会破坏人际关系，伤害人与人之间的友好感情，更严重的还会由于攻击性情绪的发泄而造成悲剧，这样的案例在生活中是很多的。

经常嫉妒别人是一种坏习惯，既然知道是一种坏习惯，就要想办法改变，及时扭转局面，让嫉妒无处可生。

第一，要肯定别人的付出。嫉妒别人的理由是自己不够幸运，这是大多数人的嫉妒心理。

当你听到一个同学综合测评拿到了第一名，心里既羡慕又嫉妒。

事实上，有些事情你并不知道，他常常每天晚上自修到十二点，双休日和节假日也是不出去玩的，他大部分的时间要么是在实验室里，要么是在图书馆里。绝大多数取得成功的人其实都经历过无数的磨难或失败，只是他的这些磨难或失败并没有让别人注意到而已。否认别人的付出，只能让嫉妒不断地加深。

第二，能够正确比较。俗话说"人比人气死人"。我们每个人的身边总会有人比自己更成功或更富有，因为别人如何而使自己心浮气躁，这不是明智之举。聪明的人从来不把别人的成功当成自己的失败，你没有失败，你只要不断地超越自己就是了。

我们在和周围的人进行比较时，要承认他人的优点，正视他人的优势。我们既要不服输，也要服输。不服输是为了让自己不断地努力，服输是为了更好地向别人学习，促进自己不断地进步。

第三，学会让自己快乐。快乐是一种心境，是一种精神状态。

快乐这剂心药是可以治疗嫉妒的，你要善于从生活中寻找快乐。如果一个人总是想：我的快乐与他的成功比起来，我的那一点快乐算得了什么呢？那这个人就会永远陷入痛苦和嫉妒之中。快乐是一种情绪心理，嫉妒也是一种情绪心理，该用哪种情绪心理占据你的心灵空间，那还用说吗？

还有就是自我宣泄。当嫉妒心理还没有发展到一定程度时，用各种感情的宣泄来舒缓一下也是有效的。比如，找一个知心的、能够理解你的同学或朋友说一说，也可以给家里打个电话，暂求一种心理上的平衡。

虽然这样不能从根本上克服嫉妒心理，却能中断这种不良情绪朝更深的程度发展。如果你喜欢打球或者打游戏，那就尽情地去玩一场吧，再回头，也就"神马"都成为浮云了。

为什么不做贼也心虚

> 我是一个性格内向的人，与人交往的过程中会敏感和自卑，我没有什么朋友，从小到大一个人独来独往惯了，并不感到孤独，与同学的关系也能够互相尊重。可是我有一个致命的缺点，让我非常被动和难堪。人都说做贼心虚，可是我不做贼也会心虚。有同学说她的东西不见了，我就会紧张；有同学说她的东西被人偷了，我就会非常不自然，甚至会脸红心跳。不做贼怎么会心虚呢？我该怎么办？

一般来说做贼是会心虚的，因为做贼是不道德的，也是违法的。做贼的人怕受到法律的制裁和人们的谴责，会产生一种神经中枢的紧张感和压迫感。这种紧张感和压迫感就是我们常说的心虚。

可是做贼的人会心虚，不做贼为什么也会心虚呢？

心理学上有一种心理现象叫"自我牵连倾向"，有这种"自我牵连倾向"的人会把别人的一些与自己无关的言论和行为看成与自己有关，甚至把与自己完全无关的外界信息看成是对自己非常不利的某种信号。

产生这种心理的原因可能是小时候受到过伤害或自尊心受到过挫折，还可能是性格上的因素，比如过于内向、孤僻、敏感、自尊心强。过分关注别人对自己的评价，过分追求完美，就很容易把自己与外界的事物联系在一起。

孤僻的人也容易多疑，会把无中生有的事情强加于别人或强加于自己，你是属于把无中生有的事情强加于自己的类型。一个人如果有轻度的"自我牵连倾向"其实也不是什么坏事，它可以让我们在工作学习和生活中保持一份敏感性和自觉性。

但是过度的"自我牵连倾向"就不正常了，有同学说她的东西被人偷了，你就会不自然，甚至会脸红心跳，这样发展下去，你会整日里诚惶诚恐，谨小慎微，不仅给自己造成巨大的心理压力，同时也会给别人带来极大的不便，时间久了会影响身心健康。本来没有人怀疑你什么，也没有人说你什么，可是你的行为又会让别人感到很费解，所以，保持坦荡大度的胸怀真的很重要。

要在心理上战胜自己，从"自我牵连倾向"中走出来，可以试试心理暗示的方法。心理暗示是人的心理活动中意识思想的发生部分与潜意识的行动部分之间的沟通媒介。

心理暗示有积极的也有消极的，不同的心理暗示会有不同的选择与行为。你要给自己积极的心理暗示，启示、提醒和指示自己：

这件事情与自己没有任何关系，无论是对自己的现在还是将来都不会产生任何不利的影响，自己在大学里应该追求的是什么，得到的是什么，该怎样去行动。这样你就会变得轻松和从容。

其次，也可以用转移注意力的方法，注意力是打开我们心灵的窗户。在正常情况下，注意力使我们的心理活动朝向某一事物，有选择地接收某些信息，从而抑制其他的活动和信息。

你可以选择一件自己感兴趣，并且可以让自己很开心的事情去做，同时给自己规定一个期限，在这个期限内集中精力把这件事情做好。比如策划一个活动或者学习一种舞蹈、一种乐器等，随着时间的流逝，那件事情就跟你一点关系也没有了，最终事实也会证明真的跟你一点关系都没有。

守不住秘密怎么办

> 66 我是个口直心快的女孩，基本上是有什么说什么，从不隐瞒，同学们都愿意和我交往，我的学习成绩也比较好，在学校挺快乐的。可是我有一个缺点，就是守不住秘密，别人嘱咐我不能说出去的事情或者别人没有嘱咐但也是不应该说出去的事情，结果我都给说出去了。我知道这样不好，可就是憋不住，有好几次就是因为我嘴快，给自己也给别人带来了不大不小的麻烦。明明知道不该说，可我守不住啊。99

把秘密的事情告诉别人，一般来说有两种心理，一种是展示心理或炫耀心理。人在炫耀心理的支配下，说话就会不分对象、场合。自己知道了别人不知道的事情，会觉得自己比别人信息丰富或者神通广大，别人就会很羡慕自己，因此就会感到骄傲和满足。有炫耀心理的人也往往是不大自信的人。

另一种是宣泄心理。宣泄是人的一种减压方式，有正面和负面之分，泄露别人的秘密是一种负面的减压方式，有秘密憋在心里不讲，会感到压抑和难受，讲出去就比较释怀，却会给他人也会给自己造成直接或间接的影响和伤害。

清代名臣曾国藩有个为人处世的《三十六字诀》，其中第十七字诀就是慎："三思而行，谨始慎终；深思熟虑，慎者受益。"

现今社会人与人之间有许多的规约，大的如合同、规章制度，小的如诺言、约定等。你说自己是一个口直心快、有什么说什么的人，那生活中就一定要严格要求自己，管住自己的嘴巴。

别人把秘密告诉你，那是因为人家信任你，古语云："信人者，人恒信之。"在这个世界能够得到别人的信任也是一件很了不起的事。即使是微不足道的小事情，也有一个做人的原则在里面，那就是守约。

你把别人嘱咐的事情说出去了，那就是违约，不管是有意的还是无意的，也不管引起什么后果，还是没有什么后果，都是有碍信用的事情，所以尊重别人的秘密也是尊重自己。

生活中人与人之间被信任的程度越高，其实负担的责任也就越重，以你的性格和人生经历还是少知道别人的秘密为好。

如何做呢？

第一，不主动去打听，避免被"卷入"。精彩也好，惊奇也好，惊人也好，那是别人的事情，与你现在的学习和生活没有关系，与今后的前程和命运也没有关系。

第二，有意让自己少知道。当别人对你说："我告诉你一个秘密，你千万不要对别人说。"你最好回答："既然是秘密，你还是不要告诉我吧，我知道了，就不是秘密了。"眼不见为净，其实心不知也静。

因为口吃不敢讲话

> 我从小就有口吃的毛病，初中的时候父母带我去矫正过，一开始还有点作用，不久就又恢复原样了。后来我读高中，因为功课比较紧张，高中的同学都比较自我，我也不大和人交往。再后来我上了大学，除了三两个与我比较要好的同学外，我也不和别人交流，上课的时候我坐在最后一排，老师不提问我，我也从不主动回答问题。我给人的感觉是一个孤僻内向、不爱讲话的女孩，因此有许多人并不知道我口吃。

口吃是指说话时字音重复或词句中断的现象，是一种习惯性的语言障碍。口吃和遗传有关，和神经生理发育有关，也和心理压力及语言行为等因素有关。大部分有口吃状况的人主要的障碍来自心理及语言行为。所以一般来说口吃是可以矫正的。

美国第十六任总统林肯也是患有天生口吃的，他可是著名的律师、演讲家。

他矫正口吃的办法就是大声朗读，他曾经每天到海边对着大海练习演讲。经过无数遍的反复练习，他的口才不仅斐然于律师界，还帮助他踏入了政界。林肯是美国有史以来最让人怀念的总统之一。我们在教科书里，在演讲培训的课程中，经常会提到他脍炙人口的演讲词，却没有人或者很少有人去提他曾患有口吃。

其实名人中患有口吃的，有很多都是让我们望尘莫及的大人物，比如战国的思想家、政治家韩非，汉代文学家、汉赋大家司马相如，古希腊寓言家伊索，古希腊思想家、亚历山大大帝的老师亚里士多德，现代科学的奠基人牛顿，还有物理学家、波义耳定律的发现者波义耳，自然学家、进化论的提出者、大名鼎鼎的达尔文，等等。

所以你一点都不要自卑，口吃和你人生价值的实现、你生命的意义及你对社会的贡献没有关系。

你可以到专门的医疗机构咨询一下，根据医生的建议，和你个人的努力和毅力来进行语言训练。说话前不要担心、不要乱想，不要给自己心理暗示，语速适当地放慢。

女孩子慢悠悠地讲话，听起来又贤淑又文气，循序渐进地来，一定要相信没有翻不过去的火焰山。

在日常的生活中，尽管从容豁达地与人交往。第一，大家都挺忙的，没有人会太在乎别人的事情；第二，即使有人在乎了，过了三两年也就忘了。可是你自己三两年之后的生活还要继续啊，所以不要逃避，要勇敢地去面对。

听得了赞扬，听不了批评

> 我从小是在掌声和赞扬中长大的，小学、初中和高中一直读的名校。在父母眼里我是乖孩子，在老师和同学面前我是品学兼优的好学生，从而养成了听得了赞扬，听不了批评的习惯。如果有同学对我有批评或看法，我会耿耿于怀，同学关系就有些紧张，我自己也常常郁闷，生活中感到不开心甚至很压抑。

其实每个人都是喜欢听好话的，喜欢被人欣赏，喜欢被人赞扬，并且从别人的赞扬中认识自己和评价自己。别人的赞扬也会让我们更加自信和从容。

可是生活中不可能到处都是鲜花和掌声啊。你的看法不等于是别人的看法，你的观点不等于就是别人的观点，所以学会"海纳百川，有容乃大"是一种人生态度或者说是人生的智慧。

首先你要学会分析批评你的人的心理特点，他批评你是为了什么？是从个人的角度和利益出发吗？如果涉及个人利益，比如竞争、选举，有的人反对你或否定你，那他的批评可能是不客观的，或者说是不公正的，你要从理解和宽容的角度去看待，完全可以不往心里去，一如既往，正常地表现自己就是了。

如果他与你之间没有任何的利益冲突，也不存在嫉妒的成分，那他的批评就可能是真诚的、实在的，只是他的表达方式不够委婉，让你有些难以接受。你就要从理解和感激的基础出发，认真虚心地接受别人的批评或建议，做到有则改之，无则加勉。

你还要学会正确地评价自我，评价自我也叫认识自我，是个人对自己的看法和评价。

一是对自身的认识，比如身体和生理上的，身高、长相、体重等；二是对自己心理的认识，比如需要、动机、兴趣、能力等；三是对自身与外界关系的认识，比如外界对自己的看法，自己在社会中的地位、责任、人际关系等。

经过长时间的基础教育，老师、同学、家长对学生的评价往往只看重学习成绩一个方面，学习成绩好就可以"一俊遮百丑"，其他缺点或不足可以忽略不计。

大学对学生的评价往往是综合性的，学习成绩只是其中的一个方面，成绩好的学生身上也有缺点和不足，成绩差的学生身上也有闪光点。

所谓金无足赤，人无完人，你能够正确地评价自我，就能够正确地面对别人的批评，也就能够经得起别人的批评，正确的批评可以让人明辨是非，内化为自我反省和激励的动力。

另外，还要克服自身的完美主义。

任何事物的发展都是一个既对立又统一的过程，这个世界本来就是由美丽和丑陋、光明和温暖、幸福和痛苦、伟大和平凡这些矛盾组合而成的。

人生在世，会遇到喜欢你的人，也不可避免会遇到不喜欢你的人；会遇到你喜欢的人，也不可避免会遇到你不喜欢的人。我们无法做到让自己的眼睛看到的都是光明和美好，因为这就是生活。

你能够理解和接受上面的观点，也就能够理解别人的批评、反对，甚至是攻击，这些都是再正常不过的事情。这都没有什么可郁闷的，那生活自然就不会感到压抑了。

能一直就读名校，说明你本身已是佼佼者。所以，习惯了鲜花和掌声，习惯了被人夸、被人宠的生活，常常是俯身看那些成绩跟自己相差很远的人。

但是升学了，进入更好的学校，佼佼者与佼佼者聚到了一起，可谓高手如林，这时大家谁也不比谁高多少，谁也不比谁强多少，有的同学就不适应这种生活了。

其实，这些都是好胜心在作怪。你要调整好自己的心态，正视现实、正视竞争、正视自己的能力，不要拿自己的弱项和别人的强项相比，要学会自己跟自己比。

过于追求完美好不好

> ❝ 我是一个追求完美的人，做事情总希望做到最好，可是生活中不可能什么事情都是我想象的样子。一个人做事时我会自责，认为是自己不够努力，不够刻苦，才没有取得一个完美的结局；与人合作时我会对别人不满意，认为是他们不配合或者是能力不够，才没有达到最好的结果。我常常会很纠结，因此让自己的心情很不好，人际关系也不好，我很想改变自己，又很无奈。❞

如此看你确实是一个完美主义者，有这样倾向的人责任心强，自尊心强，做事踏实、认真、肯干，也具有一定的创造力，是一个有着优良品质的人。

但是正如你所说，生活不可能什么事情都是自己所想象的样子，任何事情的发生和发展，都会受到各种各样的客观条件或主观能力的限制。

过于追求完美，人就会变得焦虑、紧张、固执、愤懑，甚至会有挫折感和失败感，本来愿望是美好的，最终往往会事与愿违，得不偿失。

要想改变这种性格，可以从以下几点出发：

第一，要改变自己的思维方式。要知道完美只是我们理想中的一种境界，是人们所向往和追求的一个目标，生活本身就体现在对这个目标的向往和追求中，我们所做的任何一件事情都是追求完美的一部分而不是全部。

渔夫捞到了一颗硕大的珍珠，欣喜之余他发现这颗珍珠上有一个斑点，心想如果没有这个斑点珍珠就完美了，于是他就不停地打磨。可是这个斑点并不是浮在表面的，他越打磨越深，珍珠也就越来越小。

最后你想象得出，珍珠已经不复存在了。世间万事万物都不可能是尽善尽美、完美无缺的，只要自己努力了，对自己来说就是最好的了。

第二，要分清楚重点和非重点的关系。把主要问题处理好，细枝末节或者无关大局的事情可以放在次要的位置上。

要将自己做的事情排好序，什么事情必须做，而且一定要自己做，什么事情可以委托给别人做；什么事情必须提前考虑到，什么事情可以暂时不考虑。

追求完美的人做事情容易瞻前顾后，经常会在如何才能完美上花大量的时间考虑和斟酌，而并没有把时间放在解决主要问题上，这样从效率上来说本身就已经不完美了，因此追求完美的人做事情要果断，越是果断，价值就越明显。

第三，给完美确定一个合格的标准，也就是完美度。如果说满分是100分的话，60分是及格，70、80分比较好，90分以上就很优秀了。如果是你一个人完成的工作，你要求自己一定要90分以上，那就朝这个目标去努力。但是在努力的过程中会有不确定的、个人所不能够决定的因素发生，这个因素不要算在自己头上，它与你没有关系，这样做事就多了一份从容，少了一份自责。

如果是需要与别人共同完成的工作，那每个人的人生态度及对自己对他人的要求都不一样，有的人就是追求超低空飞行、60分万岁的，有的人则认为70、80分已经很不错了。那是别人的事情，与你也没有关系，你没有权力和能力要求别人和你一样，这样你就少了一份抱怨，生活中也就少了许多无奈。

当众讲话保持平常心

> 暑假里我参加了一个社会实践活动，我是这个活动小组的组长，开学后我要在全院同学和老师面前做一个汇报。我平时不敢在众人面前讲话，即使平时课堂上老师提问，我也常常怕自己表达得不好而脸红心跳。看到别人可以在大庭广众面前口若悬河、滔滔不绝，我非常羡慕，可是让我自己上台，还是胆怯。

有心理学家在三千人当中做过一次心理测验：你最担心的是什么？答案是五花八门的：死亡、双目失明、丧失亲人、疾病、面容被毁、离婚等等。但是令人吃惊的是，约40%的人认为最让人痛苦的是在大庭广众面前讲话。

古罗马雄辩家西塞罗曾私下里说："演讲一开始，我就感到自己面色苍白，四肢和整个心灵都在颤抖。"

你说你不敢在众人面前讲话，一点都不要紧，因为很多人都会这样。那些可以在大庭广众面前口若悬河、滔滔不绝的人，他们可能从小就有了在众人面前表达自己的机会，也可能是在长大之后经过无数次的演讲练习才把自己锻炼好的。

所以多锻炼就会好的，俗话讲熟能生巧，每一个口才好的人或心理素质好的人，都是锻炼出来的。

要锻炼口才，第一，要做好充分的准备。先考虑清楚你要表达的重点是什么，把表达的内容理清条理，并做好文案，正式汇报前自己先反复训练。其实任何一篇文章或一场报告，只要演示过七八遍甚至更多，谁都会表达得轻松和流畅。

另外，还有一个简单而又有效的办法，就是把你要表达的内容讲述给两个以上的好朋友听。在向他们讲述的过程中，仔细观察他们的反应，征求他们的意见，说不定就能从他们的评价中吸取一些有价值的东西和了解到需要改进的地方。

第二，降低期望值，不要过分在意自己的表现。其实每个人在与人交往的过程中都希望给对方留下好的印象，都希望把自己不足的地方隐藏起来。然而，这种期望值如果过高的话，就会很在意自己表现得是否完美和出色，就会造成情绪上的紧张。

有些同学在课堂上发言会脸红心跳，是因为太苛求自己能让别人满意，不能容忍自己在别人面前失误或失态，其实大可不必。你对你身边所有的人都满意吗？肯定不是。那么就没有必要要求自己完全让别人满意，自自然然地表现自己，紧张情绪也自然就没有了。

第三，保持平和的心态。我脚步匆匆来学校上课，全然不在意从我身边走过的人是单眼皮还是双眼皮，有的时候自己的表现别人是不会特别在意的。

说错了一句话，表达得不够流畅，等等，过去也就过去了，事过境迁，谁会记得那么清楚和自己没有太大关系的事情？即使有人对你的表现有些微词，那是他的看法，他的看法不需要你负责，你只要对自己负责就可以了，是不是？

苏格拉底有句话叫"认识你自己"，其实，性格内向还是外向没有好坏之分，只是不同的性格倾向会在人际交往中引起不同的即时性回应。

外向性格的人在人际关系中比较从容，比较容易搭上生人的茬，而内向性格的人则需要更长的时间磨合，还要有更多的锻炼和展示自己的机会。

最后再教大家几个在公开场合说话的技巧：

第一，体态：站好，抬头、挺胸、收腹，身体不要来回晃动；自然地微笑；目光自然地和同学们接触。先把自己的身体语言展现给大家，就是彬彬有礼、落落大方的仪表形象。

第二，语态：吐字清晰，语速均匀，语调略微上扬，声音洪亮，表达的内容具体明了，不拖泥带水。

第三，可以把演讲稿拿在手上，但不要照稿念，既然已经背下来了，就面向大家，万一忘词了，看一眼也没有关系。演讲结束时要给大家鞠一躬，角度在45度左右，还要说一声"谢谢大家"。

当学习没有了激情

> 随着时间的流逝，我没有了学习的激情。我好几次作业没有写，好几次课没有按时去上，很多时间都在无聊和懒散中度过。我知道这样不好，可是我不知道该做些什么，也不知道该怎样让自己振作起来。

苏联著名的生理学家巴甫洛夫讲过这样一个故事：一天夜深，一位巴格达商人走在黑漆漆的山路上。突然，有个神秘的声音传过来："你弯下腰，多捡起几颗石子，明天会有用的！"商人决定执行这一指令，便弯腰捡起几颗石子。到了第二天，当商人从袋中掏出"石子"看时，发现那所谓的石子原来是一块块亮晶晶的宝石！商人后悔不已："天哪！昨晚我怎么就没有多捡些呢？"巴甫洛夫说："教育就是这么回事，当我们长大成人后，才会发现以前学的科学知识是珍贵的宝石，但同时，我们也会觉得可惜，因为我们学得毕竟太少了。"

南宋诗人陆游曾写过一副励志的对联："书到用时方恨少，事非经过不知难。"在人的生命旅途中，大学是一个驿站，上大学的最终目的是将来更好地走向社会。

你说你现在的时间是在无聊、无奈和懒散中度过的，那以后进入社会、走向工作岗位，仍然会无聊、无奈和懒散吗？现在社会上的生存和发展非常不容易，就业难，创业也难，如果没有真本事，是很难闯出一片天地来的。

知道自己这样不好，说明你能够正确地认识自己，那么你要做的就是寻找改正自己和超越自己的办法。然后按照这些办法去执行，同时也要提高自我控制的能力。

可以针对自己的学业情况做一个切实可行的学习计划，这个计划最好能填满你上课以外的所有时间，这样就没有机会无聊和懒散了。同时要严格要求自己按着计划去执行，每天检查计划完成的情况，如果完成得好就给自己一个奖励，完成得不好就想一想该怎样惩罚自己。

一般来说具有自我控制能力的人是不需要监督的，可以你目前的情况来看可能有点难。没有关系，你总会有那么几个好朋友吧，拜托其中的一个或者两个做自己的临时"监护人"，一是让别人监督你的计划落实情况，二是向人家学习良好的行为规范。

你要坚持住，并且把这种坚持当成生活的常态。莎士比亚有句名言："放弃时间的人，时间也会放弃他。"学生时代其实过得很快，努力勤奋的人会硕果累累，懒散贪玩的人则两手空空。你是一个明白人，当然会做出正确的选择。

避免心猿意马

> 我是一个常常心猿意马的人，平时有考试的压力，有老师的监督，还有同学之间的互相比较，我还是能够安心学习的。回到家里没有人管我了，我就开始坐不住，一个人很难静下来做事，即使是静下来我也会三心二意，做事情经常半途而废，除了学习成绩马马虎虎，其他也是一无所成。

《黄帝内经》里有个词叫"精神内守"，是指要内敛自己的精神状态，不存杂念，不存妄想，不心浮气躁，保持安宁的心理状态。

要改变自己心猿意马、三心二意的毛病，首先就要集中注意力，方法是一次只做一件事情，一件事情也只做其中最重要的部分，最重要的部分做完再去处理次要的内容，做完一件了结一件，绝不拖泥带水，浅尝辄止。

而且在这个时间段内你的精力只能放在这一件事情上，既不能让你的精力"插队"到别的事情上去，也不能让别的事情"插队"到你的精力上，不管多重要的事情，天塌不下来。

其次，要学会自律，就是自己约束自己。优秀的人都是对自己严格要求的人，成功的人也都是善于自我管理的人。做人如果不能自律，靠别人的监督来做事，那在以后的人生道路上要想一帆风顺几乎是不可能的。

美国斯坦福大学心理学家瓦特·米伽尔曾做过这样的实验，让一群小孩子在一个房间，放上糖果，告诉孩子们先不要吃，等工作人员回来再分给大家吃。然后他们用隐藏的摄像头观察这些孩子，有一小部分孩子克服了糖果的诱惑，一动没动，但有许多孩子因为禁不住诱惑就吃下了糖果。

心理学家跟踪调查以后，发现没有吃糖果的孩子成人以后在事业上都比较成功，而吃了糖果的孩子却少有成就，并且有很多是失业的。

从某个角度来讲，自律是比自强、自立更为重要的品格，是一个人走向成功的法宝。

最后，就是实事求是，尽自己能力而为。做事情三心二意、半途而废的人也常常是好高骛远、眼高手低的人。

要知道人的精力是有限的，人的能力也是有限的，而且有些能力还是需要天赋的。超出自己能力范围的事情不要做，明知不可为的事情就不要为。

三心二意本身就是贪多，同时在几件事情上纠缠，什么都想做，什么也做不好，到头来只可能一无所成。

要正确地认识自己，避开自己的短处，挖掘自己的长处，做自己拿手的事情，做起来就会很顺，因为顺就容易善始善终。

此外，还有从小事情做起，从耗费的时间短的事情做起。先做一件需要一小时完成的工作，因为时间短就容易坐得住，之后再做一件需要两小时完成的工作，像滚雪球和拉橡皮筋一样把事情滚大，把时间拉长，就不会半途而废了。

克服拖延症

> ❝ 我是一个办事拖拖拉拉的人。我不是按照轻重缓急来处理事情，而是挑简单的、愿意做的事情去做，把不愿意做的专业课作业尽量往后拖。我总是把所有的事情做完，脏衣服洗掉，喜欢的网站看一遍，自己的空间更新一遍，好朋友的空间看一遍……实在没事做了，才痛苦万分地去完成作业，我的作业都是'逼'出来的，我的生活因此而被动，我也常常处于焦虑的状态，我该怎样改变自己拖拉的习惯呢？❞

人习惯于做事拖拉和自信心不足有关，拖拉的人迟迟不肯开始是害怕失败。因为对自己要做的事情期望值不高，担心自己无法完成或达不到要求，就会一拖再拖。你所说的常常处于焦虑的状态，其实就是因为拖拉所导致的不安和恐惧。

另外，把喜欢的网站看一遍，自己的空间更新一遍，好友的空间也看一遍，才万分痛苦地去完成作业，其原因除了你不会处理事情的轻重缓急之外，也可能是你对自己要完成的作业不感兴趣甚至是厌倦或觉得无聊，因此拖拖拉拉。

比尔·盖茨曾说："过去，只有适者能够生存；今天，只有最快处理完事务的人才能够生存。"拖拉既不能使事情消失，也不能使事情变得简单，相反会经常让人陷入困境，所以要改变拖拉的习惯，不妨从以下几点入手。

第一，"凡事预则立，不预则废"，这是《礼记·中庸》中的一句话。预是事先的安排、提前的准备和有目的的运作，立是目标和结果。

习惯于拖拉的人做事要有严格的时间表，给要自己完成的任务规定一个期限，而且这个期限是一个必须完成不能再拖的"死期"，这样可以督促自己积极有效地工作，尽快完成任务。

第二，把最重要的事情放在第一位。做任何事情都要有个章法，要分清轻重缓急。对于学生来说学业当然是第一位的，避免拖拉的一个重要原则就是把最重要的事情放在第一位。

一般来说工作和学习效率高的人，是那些对无足轻重的事情无动于衷，而对重要的事情又无法无动于衷的人。如果你想把所有的事情都做好，你就不可能把最重要的事情做好。

第三，把作业当成事业。有这样一句话：今天的成就是昨天的积累，明天的成功则有赖于今天的努力。

如果你只把完成作业当成一件差事，而且又是自己不喜欢的差事，你肯定就没有主动性，更谈不上什么激情。

但如果把它当作一项事业看待，情况就不同了，每一项作业都和你将来的前途、你的职业生涯有着密切的关系，事实上也真的是这样。如此你不但能够容忍作业过程中的压力和单调，还可以感受到一种使命感和成就感。

最重要的一点是给自己信心，你的作业是"逼"出来的，说明你缺少的不是能力，而是自觉性和自信心。要提高对自我的评价，"相信自己，我不比别人差"是个不错的心理暗示。

考试前的心态

> 紧张又繁忙的一个学期就要结束了，马上就要迎来新学期的第二次期末考试。尽管经历过上次的期末考试，而且成绩还不错，可我心里还是有些紧张和焦虑，很怕自己考不好，怕被同学讥笑。这几天我爸爸妈妈也问我什么时候考试，复习得怎么样。我心里就感到很不安。

又到了一学期的期末，紧张的复习备考阶段已经开始。你说的状况其实一般的同学都经历过，除了感到时间上的紧张之外，还会有心理上的紧张甚至是焦虑和不安。

其实考试是对学生学习效果和知识掌握程度的一种常规检查，人的一生不知道要经历多少次大大小小的考试，这是最正常不过的事情了。

所以要学会正确对待考试，讲究考试的心理健康，掌握一定的应试技巧，也是大学生保持健康心理状态的内容之一。

一般来讲，考试前有适度的焦虑和不安，会对个体产生一定的激励作用，使其较好地发挥自己的水平，但过度的焦虑和不安则对考试没有任何好处，甚至有危害。

保持正确的考试心态应该做到：第一，认真复习，充分准备。在平时努力学习的基础上，考前要进行全面细致的复习，注意教学大纲的具体要求和各知识点之间的联系，熟悉每一门课程的考试形式和考试范围（有不懂的地方及时找老师或同学交流，不要怕麻烦）。要做到心中有数，心中有数就是既相信自己的能力，又能正确地评价自己。

第二，端正对考试的态度。正确认识考试的作用，不夸大也不缩小其重要性。万一没有考好，也要以平和的心态面对，因为一次考试的失利决定不了一辈子的命运。

许多同学之所以产生过度的焦虑和不安，主要在于人为地夸大了考试的重要性。

第三，不要过于在乎别人的看法，做一个真实的自己。有的同学考试心理压力来自父母或亲友，也有的来自身边的同学，认为考试成绩是给别人看的，这样就很难在关键时刻充分发挥自己的实力。

应该保持正常的心态，凭着自己的感觉和意愿去面对这件事，就会觉得很轻松，而且还可以把握自己的能力，使考前的复习有条不紊地进行。

第四，把考试看成是人生一种必经的过程，就会感到轻松和自然。心理学家威廉·詹姆斯说过："人有一种惯性，心里想：我要怎么样，结果真的就会怎么样。"也就是说，自己觉得痛苦就会痛苦，自己觉得快乐就会快乐。

考前复习是件很辛苦的事，但是如果以积极的心态对待这件辛苦的事，就会收到更好的效果。既然非考不可，那何不愉快地去接受呢？强迫自己觉得快乐，自然就会快乐。这是一种心理上的自我暗示。

如何拿得起，也放得下

> 66 我是一个心胸不够宽阔的人，常常为一点小事情耿耿于怀，别人的一句话，别人的一个眼神或动作，我都会很在意，在与人交往的过程中就会谨小慎微，瞻前顾后，生活中也会困惑和迷茫。我知道这样的性格不好，我也很想改变自己，可是我是一个拿得起却放不下的人，于是就很苦恼。99

《诗经·小雅》里有句话："他山之石，可以攻玉。"别的山上的石头可以作为砺石，用来琢磨玉器。

生活中你要和自己性格不同的人交朋友，他人的做法或行为能够帮助自己改正不足或者提供借鉴。

多和性格开朗、心胸宽阔的人交往，会比较容易受到他们言行的感染和气氛的渲染。同时在与他们交往的过程中你要注意观察这些和你性格不同的人，留意他们待人处世的方式方法，同样的场景、同样的问题他们是如何面对和处理的，自己碰到这些场景或问题就试着像他们那样去做，看看自己是否会从容一些。

生活中尽量减少与心胸狭窄或斤斤计较的人交往。偌大的校园，各种各样的学生社团和各种各样课外实践活动，可以认识到许许多多不同类型的朋友，在交往的过程中"择其善者而从之"。

如果你在生活中除了学习专业课之外，不大读课外书的话，建议多读一些历史书或人物传记，其实心胸也往往和见识有关。

在现在这个纷繁的社会，人就像处在一个十字路口一样，不知道往哪儿走了，就会很困惑和迷茫，看看历史书，就会不近视，不短视，不狭隘，原来生活就在历史里；多读一些人物传记，去体会那些平凡的人、伟大的人、美丽的人、普通的人，这些人的一个个人生足迹，可以启示我们如何坦然、豁达地面对生活。

我们都熟知"读万卷书不如行万里路"，心胸不够宽阔的人也往往是比较封闭自己的人，古代的青蛙坐在井里观天，现代的青蛙可以把井随身背着观天。

多关注自己所在城市的历史和现状，多关注国际国内的时事变化，多去参加一些实践活动，比如加入一个志愿者队伍等，对开阔自己的心胸都是有帮助的。

还有，跳出自己原来的思维定式，想想自己上大学的目的是什么，大学毕业之后要成为一个什么样的人。

你说别人说过的一句话，别人的一个眼神或动作，你都会很在意和耿耿于怀，这些事情和你以后的生活有关系吗？和你将来要从事的事业，你将来的婚姻家庭，甚至和你孩子的前途有关系吗？如果没有关系就不要太在意。

一个人的心胸不够开阔就容易因小失大。生活中要让自己站得高一点才能看得远一点，就不会在意眼前的得与失。

而且站得高还能帮助自己抓住事物的重点，知道什么事情是重要的、第一位的，自己一定要做到的，什么事情是不重要的，做与不做和将来的人生没有关系，就可以避免自己跟别人争什么，在意什么。这样才能既拿得起，又放得下。

不如忘掉

> ❝ 生活中常有人说：很遗憾我忘记了重要的事情。也有人说：对不起，我太健忘了。可我恰恰相反，我是不能够遗忘，尤其是不开心的事和不愉快的经历。我常常沉湎于过去的事情中不能自拔，而且还会触景生情，心情刚刚好起来就又开始难过，看到别人整天兴高采烈的，我自己却很悲伤。❞

难以遗忘过去又容易悲伤的人，一般也是比较孤独或者没有归属感的人，所以你要多与人交往，多参与各种各样的社会活动，在交往和参与中给自己找到一个归属并视自己为其中的一员。

正如哲学家培根所说："如果把快乐告诉一个朋友，你将得到两个快乐；而如果把忧愁向一个朋友倾诉，你将被分掉一半的忧愁。"

与人交往有助于自己的身心健康，在喜怒哀乐的表达中，在自我认识和他人的评价中获得生活的快乐和希望。所以千万不要把自己同他人或社会隔绝开来，孤独只会加重人的难过和悲伤。

另外，就是活在当下。昨天的事情已经过去，明天的事情还是未知，只有现在才是抓得住的礼物。

《庄子》中有这样一则寓言：树木被拿来做斧头的柄，反而用来砍伐它自己；油脂被用来点火，结果把自己烧光了。

世界上的万事万物，有得必有失，有失必有得，过去的不开心或失意也未必就完全是坏事情，因为"失"过，就懂得了怎样努力去发现"得"在哪里。

靠自己的意志，做自己生命活动的主人，把事情想开看透，情绪就能保持稳定，心情也就会愉悦。

忘记不开心的事和不愉快的经历，还有一个办法就是做自己感兴趣的事情，既充实了生活，又可以作为化解难过悲伤的手段。

比如读自己感兴趣的书，一本好书，会让人把尘世间的一切烦恼苦闷都抛到脑后。

我二十几岁的时候，有一个夏天读了一箱子的武侠小说，之后走在马路上竟不知道天上人间，今夕是何年。

所以认真去做某一件事情，也会获得短暂的遗忘。

另外，听音乐也是一个好办法，音乐是人类最美好最动听的语言，轻松愉快的音乐会使人心旷神怡，沉浸在愉悦之中就忘记了烦恼。

还有一个一举两得的办法就是做好事，去帮助生活境遇不如自己的人或需要帮助的人。做好事，内心得到了安慰，感到了踏实和宁静；别人的赞许或感激，也让自己受到了鼓励。其实仁慈是一个人最好的品质，在把光明和温暖给予别人的时候，同时也驱散了自己内心的阴霾。

忘记不开心的事和不愉快的经历，也可以用座右铭激励、警诫自己，写一句或几句话，贴在醒目的地方或者让它在电脑屏幕上滚动出现，比如"我是一个豁达的人""我是一个沉着冷静的人""我无怨无悔"等，作为日常生活中行动的指南或约束自己的准则。

人生不如意十之八九，遗忘也是一种自我保护的方法，如果经常沉湎于过去的事情中而不能自拔，那就无法面对以后阳光灿烂的生活，所以有的时候人要善于遗忘。

自卑心理怎么破

> 66 我在学习上没有什么大的问题，但在校园生活中，却没有什么自信心。我来自农村，家里经济条件和学习条件不太好，我身材不够高，长相也一般，看看身边那么多高大帅气的男生，那么多家境很好的学生，我常常自卑，可是我又无法解读自己的自卑，于是又自卑又烦恼。99

我曾在上课时说，一阵风吹落了两片树叶，一片落在了厅堂里，一片落在了土地上，落在厅堂里的没有什么高贵之处，落在土地上的也没有任何可以自卑的地方，偶然性而已。

人不能够选择自己的出身，但是人可以选择自己的前途。你能在如此艰难的生活中考进和其他同学一样的学校，并且还能保持很好的学习成绩，你比你同龄的其他孩子不知道要强多少倍，值得敬佩和欣赏。

想一想，二十年以后谁还记得你来自哪里，身高多少，长相如何，可是你二十年以后的人生道路如何与你二十年前的积淀息息相关。

农村来的怎么样？家境不好怎么样？身高不够高，长相不够漂亮又怎么样？没有关系的，这些都是气球的颜色，而不是影响气球起飞的因素。

自卑是个体对自己能力和品质评价偏低的一种消极情感。自卑的产生，往往并非认识上的不同，而是感觉上的差异。

自卑也是一种心理暂时失去平衡的心理状态，积极地去克服，是可以用补偿的方法来调适的。只要相信自己、欣赏自己，避己之短、扬己之长，就会塑造出一个全新的自我，让自己立于不败之地。

再想一想每个人都有自己的长处，也有自己的短处，你要学会对自己做公正的全面的评价，不能为自己的某项不足自卑自怜。

另外，也不要太在意别人的看法，太在意的话就整天活在别人的世界里了，每个人的世界都是不一样的，过分在意别人的看法岂不是自己给自己增加烦恼？

中国有句老话"寒门出贵子"。从现在起，每天给自己上紧发条，好好学习，锻炼自己各方面的能力，增强自己的综合素质和文化修养，将来才能成就一番大业。

有的时候，生活中的苦难倒是一笔财富，尤其是年少的时候，这会是你将来战胜困难的无形资产。花拳绣腿的人，锦衣玉食，意气风发，但是不适合骑马闯天下；能笑傲江湖的人，绝不是温室里的花朵。

心态影响人的一生

> ❝我是一个性格内向的人，同学中有几个是准备出国的，他们平时交流的话题和我不一样，我和他们也没有太多的共同语言。我没有什么朋友，有时候会挺自卑的，我功课之外的大部分时间是在自己的娱乐空间里度过的，一个人自娱自乐也不觉得孤独，可是不知道该怎样和人交往，怎样保持一个好的心理状态。❞

现代社会竞争日趋激烈，各行各业都一样，有很多企业都在招聘启事中明确要求应聘者要具有"较强的应变能力、一定的沟通能力、高度的责任感和良好的团队精神"。也就是说企业要求的除了专业背景和文化知识之外，更是能够在高压力下健康工作的人。

我认识的一个大学毕业生在一年之内换了三家单位，不是因为业务上的原因，用她自己的话说是："我有什么办法啊，他们都说我坏话，所以我就干不下去了。"

现在有许多在学校里学习成绩很优秀的大学生，在走上工作岗位之后由于受各种因素的影响再加上自身的问题，会不同程度地出现理想与现实无法统一的矛盾心理，要么焦虑、自卑、依赖，要么自负或自大。

工作中主要表现为不能尽快地适应环境，不会协调人际关系，不能够经受挫折和失败，而且实践能力和竞争能力也不够强，等等。

在校园生活中，一个人"自娱自乐"，用你的话说也没有觉得孤独。可是走向社会就不一样了，那将是一个"自然人"向"完全社会人"的转变。谁都无法做到一个人"独舞"，社会也不允许谁一个人"独舞"。

所以，一定要协调好自我身心的关系，保持健康的心理状态。老师给出这样几点建议，供大家参考。

第一，要有自信心。自信心是一个人成功立业的基石，一个心理健康的人，保持对人生的自信心、对事业和生活的自信心，也就有了适应社会的勇气和力量，为自己的心理活动提供了一个"定位系统"，就能够在困难面前看到光明和希望，转逆境为顺境，化阻力为动力，在心理上也会就产生悦纳自我的心理体验。

第二，要学会合理地调控自己的情绪。只有在神话与童话的世界里，人们才可能无忧无虑地活着，现实生活中可谓人生不如意十之八九。但有句话叫境由心造、相由心生，环境的美好与恶劣往往是由心境的快乐与否决定的。

兴奋、愉快的情绪有助于提高人的工作和学习效率，还有助于提高人的生活质量；悲伤、不满的情绪会让人意志消沉，甚至降低人的免疫力。在工作中你会遇到许许多多的艰难和困苦，不可能不影响情绪，你不能压抑自己，要想办法合理地转移或者宣泄，有了良好的心境才能够在工作中掌握主动。

第三，还要有合群的心理需求。要积极主动地与人交往，善于与人交往，掌握与人交往的原则和方法，这一类的书籍有很多种，也可以向别人请教。

有了好的人际关系，就能够在新的环境中适应新的角色。

人际交往中由于彼此情感的输入和输出，还可以使自己产生一种归属感和安全感。

同时，良好的人际关系还可以促进你的个性完善和情绪稳定，形成与他人和谐相处的心理状态，这样在工作中也能更为客观、更为全面地认识自我和展现自我，从而得到你所在单位和社会的接受和认可。

调控自己的情绪海浪

> **66** 我是一个特别爱生气的人，在与人交往的过程中常常因为一点小事纠结，而且憋在心里挥之不去，我知道这是一种不良情绪，可就是控制不了，大事小事我都爱生气，有一次差一点就会产生过激行为，事会想想真的很后悔，我不知道该怎样调控自己的情绪，让自己也能像别人一样愉快的学习和生活。**99**

著名生理学家爱尔马做过一个实验，他把一支支透明的玻璃管插在零摄氏度的冰水混合容器里，然后收集人们在不同情绪状态下产生的"气水"。

他发现当人们心平气和时，呼出的冷凝"气水"是澄清无色不含杂质的；生气时呼出的"气水"则有紫色的沉淀。

爱尔马把人在生气时产生的所谓"生气水"注射到了小白鼠身上，几分钟后小白鼠死了。爱尔马说人生气十分钟耗费掉的精力不亚于参加一次三千米的赛跑，人生气时的生理反应十分剧烈，分泌物比在任何情绪时都复杂，且具有毒性。

如此看来，生活中我们常说的"气大伤身"是有科学依据的。生气不仅有害身体健康，更重要的是，生气直接影响到我们正常的学习和生活。

南宋诗人方岳有这样一句诗："不如意事常八九，可与语人无二三。"生活中不可能有两个完全相同的人，也就不可能有完全跟我们想象的一模一样的事。

所以碰到不是我们所想象的人和事，一定要学会调控自己的情绪，因为人是具有主观意识的主体，情绪是可以被控制的。

晚清名臣林则徐就是一个脾气暴躁容易生气的人，他在墙上贴了"制怒"两个大字，作为调控情绪的座右铭。还有许多科学家在实验室里面对成百上千次的失败，如果不能调控自己情绪的话，早就气急败坏了，怎么能够心平气和地坚持下去并最后取得成功呢？

调控情绪的办法有很多，比如注意力转移法，把自己的注意力从消极的情绪转移到积极有意义的方向上去。比如去看一本励志的书（学校里图书馆这一类的书很多），去参加一个比赛，去看一场一直想去而没有去看的展览，等等，在这些活动中会产生新的情绪与情感，再回头，前面那件事情就事过境迁了。

还有，大事化小，小事化了也是调控情绪的一个办法。很多人都知道的一个故事是关于苏格拉底的。苏格拉底是古希腊哲学大家，他的妻子却是一个脾气非常暴躁的人。有一天，当苏格拉底跟一位客人谈话时，他妻子忽然跑进来大声骂苏格拉底，还拎起一桶冷水从头到脚浇到苏格拉底身上。

换成别人肯定暴跳如雷了，可是苏格拉底微微一笑，对客人说："我早就知道，打雷之后，一定会下雨的。"这就是哲学家，本来超级难堪的场面，经苏格拉底这么一幽默，就烟消云散了。退一步海阔天空啊。

对于年轻人来讲，还可以用倾诉的办法。

找一个知心的朋友、信任的老师、比较了解自己的同学把这件事倾诉出来，会得到他们的理解、安慰和指导；要么写写自己的日记、心情，自己给自己一些慰藉。

调控情绪还有另外一个办法就是合理宣泄，可以参加大运动量的体育活动，打球、跑步等，激烈而快节奏的运动也有助于人释放因紧张愤怒而产生的情绪和情感。

但在情感宣泄的时候，还要注意时间、地点和对象。

我曾看见一间教室雪白的墙上在靠近房顶的地方，有一个清晰的运动鞋印，没人能跳那么高吧，应该是把鞋脱下来往上扔的。情感宣泄不能违背校纪、校规，不能把别人当出气筒，更不能破坏公共财物，等等。

人的情绪就像大海中的一条小船，海面上不可能风平浪静，总会遇到急流、暗礁和险滩。真心希望你做一个勇敢的水手，好好地驾驭自己的情绪之舟，驶向幸福的彼岸。

直面弱点，接受自己

> ❝ 我发现自己身上有好多弱点，不会表现自己，不善言辞，谨小慎微。有的时候，看到身边的同学个个强悍，个个伶牙俐齿，我很悲观，觉得自己处处不如人…… ❞

其实每个人都有自己的弱点，老师也不例外，我也常常过于拘谨，胆小，甚至是悲观。但是人的弱点不同于缺点，缺点是指人行为道德上的不足，而弱点大都是心理和性格上的不如人意，这与一个人天生的脾气禀性、成长经历、家庭环境、父母亲的教养态度都有关系。

若说缺点可以改正，可以克服的话，那么人的弱点可能是与生俱来甚至还要伴随着人一生的。只要我们能够正视自己的弱点，还可以化不利因素为有利因素呢。

为什么呢？因为任何事物都有正反两个方面。据说海南岛的路面很抗热，40摄氏度以上也不融化；哈尔滨的路面能抗寒，零下30

摄氏度不会裂开。

但是也可以反过来说，海南岛的路最不抗寒，哈尔滨的路最禁不住热。这个事例说明一个事物的此方面越强，它的反方面就越弱。弱点是强点优势的反衬，弱点也许是值得珍惜的。

在这个世界上没有绝对的强点和弱点。

弱点对于人来说不是什么缺憾，因为弱点在任何一个物种中，犹如物体与影子的关系，谁也离不开谁。性格急躁的人鲁莽但是决断性强，慢性子的人稳重踏实但反应有点迟缓，生活中谁也没有绝对的优势，谁也不会完全处于下风。

你的不善言辞可以让你更加稳重，你的谨小慎微可以使你更加仔细和认真，有可能这正是别人羡慕的优点呢！

人生天地间，从容才重要，何必为此而烦恼呢？做一个真实的自己就是了。祝你开心、快乐！

第三章

"独学无友，则孤陋而寡闻"

——交往是一门学问

世界上没有两片完全相同的树叶，要允许别人和你不一样甚至是完全相反，这就是生活！

"第一印象"

> 66 我是一个学习成绩还比较好的男生，感觉自己在人际交往方面还存在些问题，朋友说，我给人的'第一印象'不大好，不知道什么样才算是良好的第一印象，如何才能给人留下良好的'第一印象'呢？ 99

人际交往中的"第一印象"包括谈吐、长相、服饰、举止、神态等，对于初次相识的人来说都是新的信息，给人一种新鲜感，这就如同在一张白纸上，第一笔抹上的色彩总是十分清晰一样。

因此，初次见面的印象，在以后交往中起了一定的"心理定式"作用。在人际沟通中要给人留下良好的第一印象，表现为以下的几个方面。

第一，要有良好的仪表形象。整洁是良好仪表形象的基础，对于大学生来讲更是如此。在公众场合，人们总会有这样一种心理，比较乐于去接近衣着整洁、仪表大方的人。

这种行为，在日常生活中也是普遍的，大多人一般情况下都不愿意同衣着邋遢的人坐在一起。人们在无意中总会把对方的服饰、衣着、仪表、风貌同他的地位、身份、修养联系在一起。

就是在校园里也不例外，不论男生女生都要注意自己的仪表形象，哪怕是一件普通的运动服也要穿得整洁和大方，尤其是衬衫的领口和袖口一定要保持原来的颜色。衣着、服饰的得体，会给人良好的印象，这和身高、长相、体重没有关系。

第二，注意自己的谈吐。人的聪明才智和文化修养是最容易从讲话中表现出来的。在语言表达中，要注意环境和气氛，不要喧宾夺主，夺人话题，也不要吞吞吐吐，欲言又止。

一个人的风趣、幽默的言谈会给人轻松、愉快的感觉，而幽默所带来的智慧更令人钦佩和难忘。所以，要掌握谈话的语言艺术，这可是一门学问，可以找一些这方面的书来看看。

第三，举止要文雅大方。行为动作是一个人内在气质、修养的表现。一般说来，男孩子的举止大方、稳重，洒脱中带着刚强和力量，会非常令人欣赏。

同时，一个人的举止也表现为临场的情绪和对人的态度。初次相识，听人讲话，站没站相，坐没坐相，会让人觉得不恭和放肆；说话不看对方的眼睛，表示拘谨和不舒展；远离他人讲话表示与人有心理的距离。

大方、随和、热情、乐观的人总会受人欢迎；炫耀、随便或过于胆怯、拘束的人则让人敬而远之。

其实，良好的"第一印象"是成功的一半，是长期交往的基础，是取信于人的临场手段。尽管它的作用很大，但是，要真正取信于人，还要靠长期的观察、了解和交往。

怎样说"不"

> 66生活中我是一个不会说'不'的人，碍于情面做了许多自己不愿意做的事情，答应了许多不该答应的请求，为此我常常让自己的生活顾此失彼。我心里很不平衡，我不知道该怎样说'不'，才能让自己的生活从容一些？99

生活中的进与退，有的时候实在是难以权衡。我们要学着相信自己，越相信自己，越有自主权，要了解自己的能力极限，并真诚地表达出来。万一对方不开心，也仍有理由和信心继续自己认为正确的方式和方法。该说"不"的时候，就要说。

生活中奉献和给予应该大于索取，那会使我们的人生更有意义，也更有价值。但是这种奉献和给予应该来自真诚的关爱和内心深处的仁慈。

有人向你提要求或者托你办事情，不管是谁，先倾听一下自己内心的声音，问问自己"是不是因为担心会失去他们，得不到他们的认可或欢心，我才答应他们的"，如果答案是这样的，那就说"不"。

怎样说"不"，不同的情形有不同的表达方法，有人求助于你，而这个忙你确实帮不上，就要当机立断，不可含含糊糊，态度暧昧。

不然答应了人家还一拖再拖，最后才说办不到，既耽误了别人的事情，又失信于人。

有的事情要委婉地表达，说"不"是对他人意愿或行为的一种间接的否定，那么就要考虑不要把话说得太直接，拒绝别人也要给足别人面子。

要使用礼貌语言，如"非常抱歉""非常惭愧""希望你能原谅""多多包涵"等。

有的时候，有些事情让你实在难以面对，也可以保持沉默。其实沉默也是说"不"的一种方式，以静制动，静观其变，有的事情就不了了之了。

朋友一生一起走

66 我是一个沉默寡言、有点拘谨和保守的人，不知道如何才能拥有朋友？怎么样的朋友才算得上是真正的朋友？我发觉现在的人都很自私，关键时刻只为自己考虑，上学以来经历的几件事情，让我对朋友这个概念很失望。99

按照人际交往的原则，一个人来到陌生的群体中过集体生活，两三个月过去了，就应该有比较谈得来或志同道合的朋友。

校园生活中我们常常发现这样的事情，一个新生9月份来报到，到"十一"长假的时候，他已经"前呼后拥"了，有自己班的朋友，外班的朋友，自己院的朋友，外院的朋友，就连马路对面的小店里都有他的朋友。

可是生活中我们也发现，有的同学读到大二、大三了，也仍然是形单影只、独来独往。小朋友都会唱一首儿歌"找呀找呀找朋友，找到一个好朋友"。从某种角度讲，朋友是找来的，不会送上门，想想自己在人际交往方面是不是有不太主动的因素呢。

我年轻的时候，读了许多三毛的书，其中有一篇文章提到有人向三毛抱怨："为什么你有那么多朋友，而我却没有呢?"三毛说："你不会笑啊。"

我在课堂上讲过人际交往的原则和方法，其中的一项内容就是"学会微笑"。生活中一个邋邋遢遢的小孩子，忽然抬起头来，露出一张天真无邪的笑脸，你会不会觉得这个小孩子很可爱呢?

你是一个沉默寡言、有点拘谨和保守的人，也许也很少主动地对别人微笑吧? 如果是这样，从现在开始，学会微笑。

微笑时自然地把双颊鼓起，唇角向两端上翘，嘴型变得轻松可爱，同时眉毛舒展，眼睛不要睁得太大，但上眼睑向上抬，按你的性格，这样的表情羞涩中透着亲切和可爱，瞬间给别人留下了美好的印象。之后再主动向人打招呼，早晨见面，早晨好! 中午见面，中午好! 晚上见面，晚上好! 明天再见这个人，仍然是"早晨好! 中午好! 晚上好!"到了后天，你们就可以成为朋友了。

要说朋友，春秋时管仲与鲍叔牙之间算是真正的朋友了，管仲贫穷的时候，生活中的一切费用都是鲍叔牙帮助的。

他们一起做生意，管仲给自己多分了红利，鲍叔牙也不在乎，后来鲍叔牙又推荐管仲当了宰相。管仲晚年时说："生我者父母，知我者鲍叔牙。"管仲临死时，齐桓公问他是否可以让鲍叔牙接替宰相。

如果是一般的朋友，这是最好的报答机会，可是管仲不同意，对齐桓公说，你不要害鲍叔牙了，他这个人品行高尚，气度大，但他疾恶如仇。一个当宰相的人是要能藏污纳垢的，要能够包容坏的东西，可是鲍叔牙做不到。

这样的朋友在现代社会恐怕很难求到。所谓人生得一知己足矣，如能碰到这样的朋友真是人生之大幸。但是也不能因为这样的朋友碰不到，就不交朋友了，是不是？

在现代社会，朋友这个概念比古代有了更广的含义和范围，现代社会的朋友可以分为不同的层次，有可以两肋插刀的，有互相敬重的，还有点到为止的，有来往多些、亲近一些的，也有来往少一些、不大亲近的。

年纪轻的人看问题容易理想化，对朋友标准的要求就比较高，期望越大，失望就越大吧。

以下这些话送给你，也送给许多在人际交往中有困惑的同学：

人生的旅途中有人能陪你走一段，有人能陪你走两段，但是没有任何人能陪你从头至尾走到终点，所有的路必须靠自己，一个人两条腿走下去。

"水至清则无鱼，人至察则无徒"。你要容忍朋友的缺点，每个人的出身背景、成长经历都不一样。

每个人都会有各种各样的优点或缺点，只要他的缺点不是道德和品质的问题，就不影响友谊。

交朋友不可过于求全，如果处处苛求就很难交到好朋友了。

人与人之间是因为有了快乐和信任的存在才做朋友的，而不是天经地义就应该如此。也就是说，如果你和他在一起不快乐的时间已经很长了，肯定有一方会选择逃离，要么你，要么他。

朋友之间想长时间地吸引对方的唯一方法就是让自己成长和进步，而不是让对方在山顶上向山下的你招手。关怀和友善可以让自己心灵成长，而心灵的成长是没有止境的，也许是一辈子的事情。

记住，不要以自己为中心，多去关心别人，让别人觉得你这个人值得做他的朋友，你很快就会有广泛的朋友圈的。

朋友关系，某种程度上靠志趣相投、互通有无的吸引力而产生、维系和发展。在丰富多彩的校园生活中，你可以在学习、娱乐、锻炼和交友中发挥你的智慧、你的热情、你的活力，还有你的幽默感，自然舒展你乐观向上的情操，那么你就具备了独有的"磁场"。

只要你不断向你的磁场提供你的真、你的善和你的美，你就会发现，你的朋友（或知己）也许就在教室里、图书馆里、宿舍里、餐厅里、操场上、校车上与你不期而遇，并且不止一个哟！

时常感到无话可说

> 66 从小学到中学我的目标是考上大学，由于光想着学习了，同学之间的交流不多。进入大学以后，学习不太紧张了，闲暇的时间多了一些，我竟不知道怎么跟同学交流，与同学们相处，我只是个旁观者或者说是个听众，常常觉得无话可说，我该怎么办？ 99

不妨先尝试着放松自己，慢慢地去加入别人的谈话，看看他们都在说些什么，也许有些是自己感兴趣的东西，就可以慢慢地说出些内容来，不要怕说得不好，其实别人也很期待你的意见。

另外，也可以多去参加一些集体活动，比如社团、志愿者活动等，在这些活动里尽量多做些自己能做的工作，你会发现其实自己和别人还是有很多交流话题的。

生活中人与人之间感到无话可说，是因为彼此没有找到可以交流的话题。你想和同学们相处得更融洽，那就从你熟悉的话题开始。

你学习很好，这就可以成为你与同学交流的切入点。有些同学一定很想向你请教，但可能因为你外表的矜持而止步了。

所以，尝试着放松自己，尝试着去接受大家，和大家分享你的思考和你的成就，慢慢地你就会和大家有更多的话题，可以融入大家的活动了，尽管走出这第一步很难。

其实说话是一种艺术，也是一门学问。有的人才高八斗、学富五车，却不知道如何去表达自己，而会说话的人在任何场合都能够游刃有余、挥洒自如，并成为人们关注的焦点。

要想介入别人的谈话，可以试着从这样几点出发：

一是牢记别人说过的话，下一次就可以引出他感兴趣的话题："今天我发现了一件事，确实跟你上次说的一模一样。"这可能是他不经意间的一句话，而你却牢牢记住了。于是他很感动，你们便有了共同语言，可以沿着这个话题进行下去。

二是学会如何插话。他说："我们中学有一个很大的室外游泳池，夏天的时候，我们每天中午都会去游泳。"你说："是吗？那么你的游泳技能一定很棒了。"千万不可以说："是吗？我所在的中学有室内游泳池，无论春夏秋冬都可以去游泳。"

三是学会引出话题。一个同学一脸阳光灿烂，你可以说："有什么高兴的事情吗？说出来分享。"如果他真有喜事，他会很愿意说的。于是就有了谈话的内容。接下来，"为什么会这样呢？""怎么可以呢？""果真这样吗？""真是太不可思议了！"这些都是你提出的问题，他来回答，于是谈话就很热烈地进行下去，不知不觉中你就是谈话的主角了，而不是旁观者或者听众。

另外在生活和学习的过程中，同学之间要彼此互相关心，守望相助，同学们也会愿意接近你。

这些只是交流的起点，有了好的开始，你会发现你和同学之间的话题变多了，你的爱好变广泛了，你变得外向了，你的朋友也就会很多了。祝你成功！

虚伪与假面

> ❝一个室友跟我关系不错，我们常常在一起上课，一起自修，一起打游戏，相处得还可以。但是我发现他很虚荣，或者说是很虚伪，常常故意地掩饰一些什么事情，我是去揭穿他，还是继续装作不知道呢？❞

其实虚荣或者虚伪常常是缺乏自信的表现，生活中他们得不到他们想拥有的东西，得不到别人的理解和尊重，于是就有意地伪装出一副他们已经拥有或能够得到别人理解和尊重的形象来求得一种心理上的平衡。

面对这样的同学，首先你要做到理解和尊重他，不要在他面前展示你的优势，尤其这恰好是他劣势的地方。要让他知道你的劣势，却正是他的优势，彼此找到一些平衡点。

学生之间的交往相对于成年人要单纯一些，相对没有功利的色彩。同学之间相处时非原则性的问题也不要太计较，人与人之间贵在相知，只有相知才能相惜。

　　如果你们成了知心的朋友，彼此能够坦露自己的情怀和心愿，干吗还要伪装呢？他自然就会脱掉自己的"迷彩服"，而你干吗还要揭穿呢？

善意的谎言

> 66 在生活中我是一个直来直去的人，有什么说什么，也常常因为说话过于直接而得罪人，我看不起虚伪的人，我知道有的时候也需要善意的谎言，可是我不知道怎样才算是善意的谎言，尽管是善意的可也是谎言啊，只要是谎言那就是欺骗。99

有些时候，善意的谎言不是欺骗。欺骗是用虚伪的言行来隐瞒真相，让人上当，从而达到自己不可告人的目的。善意的谎言使人们之间的关系更为和谐，生活更加愉快和美满。

如果同学寒假归来带给你一件礼物，说实话，颜色和款式并不是你最喜欢的，可是人家千里之外从家乡带来，你怎么能让人失望呢？这时最好说你很喜欢。

假如说了实话，颜色也不喜欢，款式也不喜欢，同学就会感到很尴尬、很失望。一句善意的谎言，既避免了不愉快，又增进了与同学之间的友谊。

生活中，有的时候还真的就需要善意的谎言，这些谎言构成了人生命中的一道风景，甚至在灾难突然降临的时候，善意的谎言就是救命的谎言。

有这样一个例子，20世纪有一架外国运输机在大沙漠里遇到沙尘暴袭击只能迫降，飞机严重损毁，已经无法恢复起飞了，飞机的通信设备也全部损坏，与外界的通信中断了。乘客与驾驶员都陷入了绝望之中，求生的本能使他们为了争夺有限的食物和水而大打出手。

紧急关头，一个乘客站了出来说："大家不要动手，我是飞机设计师，听我指挥，大家齐心协力就可以修好飞机。"大家的情绪一下子就稳定了，他们相互帮助，并节省水和食物，一切井然有序。

十几天过去了，飞机还没有修好。但在这时有一列往返在沙漠里的驼队经过，他们得救了。后来人们才知道那个乘客根本就不是什么飞机设计师，只是一个对飞机一无所知的小学教师。有人骂他是个骗子，愤怒地责问他："大家命都保不住了，你居然还欺骗我们。"这位小学教师说："如果我当时不撒谎，你们能活到现在吗？"

善意的谎言是美丽的。当我们为了让别人从容也让自己从容的时候，适度地说一点言不由衷，但又不违背原则的话，这样的谎言是理解、尊重和宽容，而且还有着神奇的力量。

　　尽管善意的谎言是美丽的，但在生活中我们是不得已而为之的，所以不能经常使用，而且说善意的谎言也要接近事实，不能过于夸大其词，这样你说起来就比较自然，也会比较心安。

背叛与伤害

> 66 有人做了对不起我的事情，如果不言声，悄悄压下来，觉得自己太窝囊。如果公开对着干或拉出去对质，又会影响同学关系。局外人因为不了解情况，看了也不理解。有时我甚至想到要报复他，不知道怎么办好了。99

老子说过：对善，我报以善；对不善，我亦报以善，使人人从善。对守信的人，我信任他；对不守信的人，我也信任他，使人人守信。

你觉得老子说这样的话，是不是有点窝囊呢？如果不是，那你也不窝囊。

子贡曾经问孔子："老师，有没有一个字，可以作为终身奉行的原则呢？"孔子说："那大概就是恕吧。"恕，就是不计较别人的过失，原谅、宽恕别人的行为。邦达列夫说过这么一句话：谁能谅解人，谁就能拯救人。

很多人都知道在素有"文都"之称的安徽桐城有一条六尺巷。古时这是一条长百米、宽两米的小巷，鹅卵石铺的路，小巷的一边为"宰相府"张氏宅，另一边为吴氏宅。

据桐城县志记载：康熙时的文华殿大学士兼礼部尚书张英在京做官，邻居吴氏欲侵占他家的宅基地修房造屋，为此两家发生了争执。张英的家人便修书京城，要张英凭官威压一压吴氏的气焰。谁知张英却回诗一首："千里家书只为墙，让他三尺又何妨。长城万里今犹在，不见当年秦始皇。"家人得诗，主动退让三尺。吴氏闻之，深感惭愧，也把院墙后撤三尺，就这样，张吴两家的院墙之间，就形成了有名的"六尺巷"。

"六尺巷"的故事，应了苏联教育家苏霍姆林斯基的一句话："宽容产生的道德上的震动比责罚产生的要强烈得多。"

宽容是一种智者的行为，智者能容天下之事；宽容也是一种仁者的行为，仁者更加从容和自信。

那么如果被伤害过，即使时间过去很久自己仍难以忘怀的话，到底要报复还是该原谅？如果你考虑不清，不妨再听听下面这个故事——

颜回是孔子很得意的学生。有一次颜回看到一个买布的人和卖布的人在吵架，买布的大声说："三八二十三，你为什么收我二十四个钱！"

颜回走上前去对买布的人说："是三八二十四，你算错了。"那人指着颜回的鼻子说："你说的不算，我就听孔夫子的，咱们找孔夫子评理去。"

颜回问："那如果孔夫子说你错了怎么办？"买布的说："我把脑袋输给你。那你错了怎么办？"颜回答："我把帽子输给你。"两人找到了孔子。孔子问明了情况，对颜回说："三八本来就是二十三嘛，颜回啊，你输了，把帽子给人家吧。"

颜回心想，老师真是老糊涂了，但也不敢反驳，就把帽子摘下来交给买布人，那人拿了帽子高高兴兴地走了。后来孔子告诉颜回："我说你输了，你只是输一顶帽子，我说他输了，那可是一条人命啊！你说是帽子重要呢，还是人命重要？"

颜回恍然大悟，拜在孔子面前说："老师重大义而小是非，真是让学生惭愧万分啊！"

年轻人做事，偶尔都会有不懂事和幼稚的成分在里边。每个人都有说错话和办错事的时候，有可能说过之后他也很后悔，也有可能他早就把那件事情忘了，因为每个人的脾气秉性、语言表达的方式都不一样。有的人说话口无遮拦，有的人说话尖酸刻薄，有的人说话喜欢嘲笑和挖苦，当然这也可能与人品有关，那是他的修养问题。

送你一句话："把别人的伤害刻在沙地上，潮起潮落间便了无痕迹；而把别人的关爱刻在石头上，任凭风吹雨打永不消退。"

胆小怕事怎么办

> 66 我是一个胆小怕事的女生，读中学时在回家的路上有一座狭窄的小桥，勇敢的男孩子可以飞快地骑自行车过去，女孩子也可以轻松地跑过去，只有我一个人小心谨慎一步一步挪过去。到了大学，我发现我勇敢多了，很多事情我能够独立面对，但和其他同学比，我还是很拘谨。在别人看来一件很正常的事情，我常常很担心，怕事情做不好，怕别人笑话，怕给自己带来不好的后果。我不知道自己该怎么办。99

关于胆小怕事，这要看具体的情况。每个人的脾气、性格、气质类型都有很大不同，有的人活泼好动、反应迅速；有的人平静稳重、反应缓慢；有的人多愁善感、优柔寡断；还有的人精力旺盛、胆大心细。

以上这些表现除了自身的个性因素外，也和每个人的成长环境有关。一般来说，胆小源于恐惧，想一想在你小的时候有没有受到过惊吓，一件让你感到很恐怖的事情，给你留下了刻骨铭心的印象，以后一旦碰到你认为比较危险的情景，就会比较戒备。由戒备到小心，由小心到谨慎，长大以后就变得胆小怕事了。

认识到了自己存在的问题，就要在平时的生活中试着去改进。

首先要培养自己乐观的态度，胆小怕事的心理根源之一是容易悲观。

乐观的人把困难当成是生活中的一部分，可以很从容地面对；悲观的人在生活中常常人为地夸大困难的程度，还没有上战场就先投降了。

所以对自己要有信心，养成乐观的态度，事情并没有你想象的那样糟糕。

其次要从小事情做起。没有毅力，不够坚强，这也往往是胆小怕事的另外一个原因。毅力不够的人，当觉得困难难以克服的时候就会产生一种退缩心理。

你应该从小事情上找突破口，特别是那些最容易暴露自己意志弱点的小事情，做到面对任何事情都不马虎，不找借口，不松懈，久而久之，就能逐步培养起顽强的毅力了。

还有要多和别人交往，胆小怕事的人往往也是性格内向、孤僻的人。人际交往中你要很主动，主动和人打招呼，主动参加各种活动，主动提一些意见和建议，主动给需要帮助的人一些帮助，主动跟与自己脾气、性格、气质类型不同的人交朋友，借助他们的"感染力"，让自己胆大起来。

以后再碰到"独木桥"这样的事情，就不要一步一步挪过去，尝试着让自己去"冒险"和独立担当。相信你一定会圆满完成任务，在完成任务的同时，你会惊奇地发现原来你不是"胆小鬼"，你是那样勇敢，慢慢地胆子就会变大了。

世界上没有两片完全相同的树叶，在改变自己的同时，你也要允许自己有自己的个性。在正常的状态下，一个人比较安静、谨慎，以一种小心翼翼的方式去适应环境、适应社会也没错，既不影响身心健康，也不影响家国天下，其实也没有什么。

助人与利己

> 66 该如何平衡好助人与利己的关系呢？我身边的人似乎都是很利己的人，遇到事情只会考虑自己，我很烦感这种行为，但又不知道怎样取与舍，才能像您所说的是古代的君子所为。99

古代人所说的君子所为，应当是墨子所提倡的"有力者疾以助人，有财者勉以分人，有道者劝以教人"，体现了中国传统文化中尽己为人、利人助人的仁爱精神。

人与人之间的关系应该是平等和互助的，有求于人之前要有意识地培养可以"有求于人"的资本。

生活中人们经常说某某的人缘好，某某的面子大，那是因为他所拥有的资本多。

现代社会，由于人与人之间关系的经济属性，人们内心的期望值已经发生了变化，在重视自己权利的同时，却忽视了对别人的关心和帮助。

如果每个人都过重地关注自我的发展，把自己与他人与集体与社会脱离，那还谈什么人与人之间的和谐、人与社会之间的和谐呢？而这个人也就真的是孤家寡人了。

不必为别人的"情绪化"买单

> 66 今年我认识了一个朋友，我们有着相同的兴趣和爱好，平时也比较谈得来，可是我无法接受他的情绪化，高兴的时候一脸的阳光灿烂，不高兴马上就翻脸，我是该谦让他继续相处下去，还是就此疏远呢？99

情绪化的人不能控制自己的情绪，脸就像书，说翻就翻，而且一翻能翻好几面。这样的人遇事非大喜则大悲，他们容易为小事而发脾气，也容易因喜乐而手舞足蹈。快乐的时候天真烂漫，像个年幼的孩子；但是愤怒的时候也令周遭的人实在难以接受，时间久了，人们就会远离他。这样的人人际关系是很难维持的，他本人也是很孤独的。

造成情绪化的原因，一是此人不够善良、宽厚和仁慈，二是心理承受能力差。前者是人品的问题，后者属于心理的问题。

与这样的人交往不必和他一般见识。他翻脸时，不要问他理由，也不必述说从前对他如何好，现在他如何不应该翻脸，等等，他一个字都听不进去，说了也没有用。

而他说什么你也不要太计较，他可以和你翻脸，也可以和别人翻脸，他和多少人翻过脸，恐怕连他自己都不记得了，你还在耿耿于怀，就没有意义了。

朋友之间的交往应该是互相关心、互相帮助、彼此愉悦的，你说你们有着相同的兴趣和爱好，平时也比较谈得来，如果能够包容他，愿意和他继续相处下去，这也是对你性格的一种磨炼。大千世界，众生百态，将来到了社会上再碰到这样的人，你就从容多了。

如果实在无法与他相处，也可以敬而远之。人生天地间，每个人都有自己的人生轨迹，谁也代替不了谁，走自己的路吧。

男生，女生

> ❝ 我与班级同学的关系还算比较融洽，只是与女生的关系相对一般。我没有谈恋爱的想法，我认为既然不想和某个异性同学发生产生恋爱关系，那就不交往的好，免得别人误解。我还想问一下，异性之间可以存在友谊吗？❞

其实异性相吸是自然界的一种正常现象。对于大学生来说，年青人特有的生理、心理特点，使得异性同学之间更易于产生思想和情感上的沟通。

女生比较喜欢男生的豁达、刚强、主见和力量；男生则比较喜欢女生的善良、包容、温柔和仔细。男女生之间的正常交往是可以的，而且对大学生的身心发展也有帮助。古往今来也出现过许多异性之间真挚友谊的动人事例。

大家都知道，燕妮与海涅之间长久地保持了纯真的友谊。至于在普通人中，异性之间发生的平凡而动人的友情故事更是不胜枚举。

当然在与异性之间的接触和交往中，虽然双方赢得了真挚的友谊，但同时也容易遭到一些误解，以致会产生一些不大愉快的事情，这虽然有偏见的一面，但在生活中也时有发生。

那怎样才能避免与异性交往时出现被别人误解的麻烦呢？交往的双方一定要相互信任，相互尊重。我们既要反对男女之间"授受不亲"，又要注意"男女有别"的客观事实。

首先，在思想上和行为上要分清友谊与爱情的界限。彼此多在集体活动中交往，同时要注意时间、地点、场合。相处中的女同学要自尊、自重，男同学要有自制力。

其次，在与异性同学的交往中，只要注意把握好分寸，异性之间是可以存在真挚友谊的，好朋友是不分性别的。

异性之间不但可以存在友谊，而且可以是很真挚的友谊，但是有一点，异性之间的友谊可以很好，但是永远也不可能像同性一样好。

试想，两个女同学很要好，你穿我的衣服，我穿你的衣服；你花我的钱，我花你的钱，两个人可以情同姐妹。倘若一对男女之间，你的东西就是我的东西，我的东西就是你的东西，你的钱就是我的钱，我的钱就是你的钱，麻烦来了，那就是爱情。

异性之间的友谊，要小心地呵护，不可以太过于亲近。有的时候亲近容易造成误会，继而毁掉了友谊。

异性之间的友谊，可以开阔你的视野，使你的生活更加丰富多彩。女生可以得到男生兄弟一般的爱护和帮助，男生也可以得到女生姐妹一样的关心和照顾。

异性之间的友谊如果处理得当，会使你的学业进步，事业有成；若处理不当，也会发生自己或他人判断失误的问题，错把友谊当成爱情，给自己和他人都带来烦恼。

个人可以有不同的朋友，包括异性朋友。如果不是恋人，那么只能以朋友相待。在相处的过程中不可以有男女之情爱的语言和行为，否则的话你并不想把他发展为恋人，可你的语言和行为让对方误解你想向恋人的方向发展，以后你真的有了恋爱对象，对方会觉得你伤害了他。

如何与不喜欢的人合作

> ❝ 我是一个性格比较内向的人，平时习惯于独来独往。因为每个人上课的时间都不大一样，大家也就各忙各的事情。我与同学之间的关系还算可以。但是最近有一件事情让我不开心好几天，我很不情愿地被老师安排和一个我不喜欢的同学共同完成一个项目，我知道他也不喜欢我（一次班级活动中我们发生过不愉快，之后彼此就一直不说话），可这次是按学号排下来的，我该怎么面对他？还有，遇到自己不喜欢的人，怎么办？ ❞

先给你讲两个故事。有一幅流传已久的漫画，叫《毛驴吃草》。画面上一根缰绳上拴着两头毛驴，在它们的两端各有一堆青草，两头毛驴若同时吃草那谁也够不着，如一头毛驴先让给另一头毛驴又谁也不干，于是强拉硬拽地折腾了一番。

后来，驴老兄大约想到了"协同作战"的办法，于是两头毛驴并肩走向一堆草，先吃完一堆再吃另外一堆，它们不仅同时吃到了草，而且二者的关系也颇为和谐。

第二个故事是这样的：一名教徒很想知道天堂到底是什么样子的，他希望能过上天堂般的生活。于是他来到先知伊利亚面前问道："地狱在哪里？天堂在哪里？"伊利亚没有回答他，而是拉着他的手，领他穿过一道铁门，来到一个房子里。这里挤满了人，有穷人，也有富人；有的衣衫褴褛，也有的穿金戴银。

在房子的中间，有一个熊熊燃烧着的火堆，上面吊着煮着肉汤的大锅，锅里的汤沸腾着，散发着令人垂涎的香味。汤锅的周围却挤着一个个面黄肌瘦的人，他们每个人手上都拿着一个好几尺长的大汤勺，汤勺是铁的，汤勺的柄也是铁的，只有手握的一段是木制的。每个人都贪婪又拼命地舀着锅里的汤，可是谁也喝不到嘴里。有的人不得要领，不是烫伤了自己的手和脸，就是伤了身边人的手和脸，他们互相指责并互相谩骂着。先知伊利亚对教徒说："这就是地狱。"

然后他们离开了这个房子，又走了很长一段路，来到了另一幢房子里。同前面一样，房子的中间也吊着一个热汤锅，也有许多人围着汤锅，每个人手中也拿着一个同地狱里的人们同样长柄的汤勺，但是这里没有叫嚷和吵骂的声音，只有满意的喝汤声。他们每个人都红光满面，静静地坐在锅边喝汤，因为他们每个人都把盛上来的肉汤喂给对面的人喝，于是每个人都喝到了肉汤。先知伊利亚对这个教徒说："这就是天堂。"

聪明如你应该看得出来，这两个故事所表达的内容是同一种生存的智慧吧。人的本质是社会关系的总和，不可能离群索居，必然会与各种各样的人交往和合作。

碰到一个志同道合的人是幸运，可偏偏碰到的是一个自己不喜欢的人，那也没有办法，不喜欢也要合作。

试想他是你将来的同事或上级，你怎么办？调走？短期内做不到。放弃？不可能，因为你要指望这份收入来养家糊口。有句话：道不同，不相为谋。其实有时候即使是道不同，也要谋啊。

目前看来，你不如主动联系他，热情而且有礼貌，以前的不愉快就当没有发生过，也不要再提起。有可能这是一个机会，通过这次合作你们能够冰释前嫌，成为好朋友呢。

其实每个人都有他的可爱之处的，只是不一定都被发现或发掘出来而已。学生之间的人际交往比较纯粹，相对社会上的人际关系没有太多的功利色彩，因此就不会有太大的纠纷或者说原则性的矛盾。

想一想，大家从天南地北聚在一起真的是不容易，很多人在大学毕业后才发现，其实大学时代，尤其是和同学们相处的时光，是最值得珍惜的。

这样想一想，求大同，存小异，有些事情不计较就是了。再有，大家平时自己要忙的事情那么多，你会发现自己其实很容易把精力从挑剔他的不是上面，转移到更值得自己关注的事情上去。

我上学的时候，也遇到过和你一样的情况。觉得某位同学身上有好多不好的地方，很多让我看不顺眼的东西，当时真的也很生气。现在想想，大千世界，众生百相。我们不可能和所有的人都合得来，都做好朋友。

人和人相处是讲缘分的。对于不大有缘的同学既不能恶语相向，也不能冷面相对，要有发现美的眼睛，要看到对方优秀的一面，也许或多或少还会找到一些共同点。

当然如果实在相处不来，就尽可能减少正面接触的机会，也就减少了发生矛盾和引起冲突的可能。记住有一件一定不要做的事就是：放大别人的缺点，缩小别人的优点。

忍耐比欣赏更艰难，你不妨把这些作为对你成长过程中的一种历练。"三人行，必有我师焉"，换一条思维的路径有时是对自己思维定式的解救。

说不准在改变自己心态的同时，那个同学在你心目中的形象也跟着改变了，如果是这样，那是最好的效果了。世界上没有两片完全相同的树叶，要允许人家和你不一样甚至是完全相反，这就是生活啊！

别让优越条件成为与人交往的障碍

❝我来自一个相对富裕的家庭，生活中我的衣食住行都是比较前卫和时尚的，我的性格也开朗大方，乐于去帮助别人，可是我发现自己的人际关系并不好，其实我很想拉近与同学的距离，和大家和睦相处，我该怎样与同学相处呢？❞

"我又买了一双新鞋子，花了五百块！"

"不和你们玩了，我爸爸妈妈开车在校门口等我呢。"

"向你们宣布，我谈恋爱了，我觉得我是世界上最幸福的人了。"

当一个人说这样的话时，别人会怎样回答呢？相信他们一定会说："哦！真的吗，那很好啊！""你好幸福啊！""恭喜你了！"

可别人这样回答的时候，心里会怎样想呢？你说你的一双鞋子五百块，如果一个同学一个月的生活费只有五百块的话，他首先是羡慕，接着会不会嫉妒呢？也许心里会想："算你走运！""走着瞧！"

"有什么了不起的。"

　　仔细想想，在这个世界上，也许只有我们的爸爸妈妈，才能为我们的幸福而真正欢喜。至于其他人或多或少都会用自己的幸福同他人的幸福做比较。

　　当你去展示你比别人幸福的时候，就有意无意中暗示了他人的不幸福，因此有的同学对你敬而远之可以理解。如果你想拉近与同学的距离，就要低调一些，用传统的话叫"不露富"。

　　你说你乐于帮助别人，这很好，以一份健康平等的心态，用真诚来换取他人的真诚，生活本身就是丰富多彩的。

让气球起飞的是气体而非颜色

❝ 我来自边远的山区，家境贫寒，同寝室的其他同学都来自大城市，我们的生活状况存在着巨大的反差，我不知道像我这样贫困家庭的孩子该怎样与富裕人家的孩子相处？我很想找人聊聊天，可又不知道说些什么才能更自然一些？**❞**

我曾在课堂上说过，能让汽球起飞的是它里面的气体而不是颜色。

人与人之间在人格上是平等的，你完全可以不卑不亢、得体大方地与同学相处。

生活中由于物质条件的差异，确实会给人与人之间的关系带来一些微妙的变化，物质条件好的人有意无意中就会有一种优越感，甚至是居高临下的感觉，这些你完全可以不在意。每一个人都是一本值得阅读的书，你身上的优点也肯定是其他人所不具备的，比如你的数学很棒，比如你的动手能力很强，你完全可以挖掘和展现自己的优势，让人对你刮目相看。

另外，你还要记住这样一点，别人不是你生活上的顾问，并不负责替你排忧解难。即使现在已经很不幸，感觉到很苦恼，也不要随便向人诉苦。

当然，一个人将心中的烦恼说出来后，有时会有如释重负的感觉，但与其向一个不能对你的困难有帮助的人透露实情，还不如将它藏在心底。

如果坚持要找人诉说，那就一定要找真正能替你出主意的，有能力又愿意帮助你的人，比如找老师或是非常好的朋友。

说得再深入些，就是不要随意向人表露你的困难或不幸，如果关系不是很好的话，有些人给你的同情可能是表面的，基于礼貌性的。

当孤独成为一种习惯

> 66 我的性格有点孤僻，不愿意与人交往，在学校里是一个独来独往的人，与同学的关系能够彼此尊重，但是谈不上亲密，当然我也没有知心朋友，长时间来我也习惯了这样的生活，没有觉得有什么不好。99

纵观人的一生，出生、成长、学习、发展、成功、幸福，哪一样离得开社会？人的一生，愉快、烦恼、悲伤、爱与恨，也同样与其他人的关系分不开。

没有与他人的交往，就没有人生的悲欢离合，也就不会产生文学、艺术和科学。换句话讲，没有与他人的交往，也就谈不上生活中的其他内容。

我在课堂上曾说过，人的本质属性是社会性，某种程度上说人是社会性的动物。与人交往不仅是每个人生活中的基本组成部分，而且也是建构社会文明的基础。

　　所以，人怎么可能离群索居呢？当然尊重别人是应该的，但仅仅有尊重也是不够的，人与人之间还需要关怀和帮助，需要光明和温暖，记得有这样一句话：在这个世界上没有朋友，有脚也没有地方站。

　　如果你有了朋友，在人生的某个拐弯处，在遇到艰难的时候，在你经意和不经意间，会发现有人为你点燃了一盏希望的灯。

　　生活中，人们往往对自己在困境中给予关怀和帮助的朋友念念不忘和心存感激，可谓人生得一知己足矣。友谊就像爱情、亲情一样是人生幸福的一部分啊。

恼人的身高

> 66 可能由于遗传的因素，我的家人身材都不高，我也不高，才一米六。上了大学，看见其他高个子的男生，心里就会产生自卑心理。我因此封闭自己，不愿意参加集体活动，不愿意与人交往，尤其是不愿意与女生交往，我为此而苦恼！99

身高和人的成功与发展没有关系，我最崇拜的西方哲学大家康德还不到一米六呢。曾长期任菲律宾外长的罗慕洛只有一米六三，他在那篇《愿生生世世为矮人》的文章中风趣地介绍了他自己，说他即使在家中也不高，他的四个儿子全比他高七八厘米，他的夫人穿上高跟鞋要比他高出一英寸，然而因为他的不凡业绩，他的妻子"情愿躲在丈夫的影子里，沾他的光"。

罗慕洛年轻的时候也曾由于身材不高，自惭形秽，还穿过高底鞋以试图遮"丑"，然而由于这样做他"精神上感到不舒服"，后来不再穿了。

他在文章中说："其实这种鞋子剥夺了我天赋的一大便宜。因为，矮小的人起初总被人轻视。后来，我有了一些出色的表现，别人就觉得出乎意料，不由得不佩服起来，在他们心目中，矮子的成就就格外出色。"

他还写道："我一生遭遇就是如此，平平常常的事经我一做，往往就似乎成了惊天动地之举，因为大家对我毫不寄予希望。"

历史上还有许多伟大的人物身材也不高。贝多芬和纳尔逊都只有一米五八，英国诗人济慈只有一米五二。这样说不是身材高大就不好了，而是说，即使身材不高，也有许多潜在的优势可供挖掘和展现，这就要看你的生存智慧了。

因为身材不高而自卑是毫无道理的，再封闭自己不与人交往就更不应该了，期待着你的"格外出色"。

经常感到空虚

> **❝** 最近经常感到空虚和烦恼，不是因为感情问题，也不是因为网络游戏，除了完成必须完成的功课之外，我基本上没有事情可做，眼睁睁地看着时间一天天地流逝，不知道自己还应该做些什么。**❞**

空虚是现代人常有的情绪体验，产生这种情绪的直接原因一般有两种：一种是不知道自己该做些什么；另一种是不知道自己所做的事有何价值，为什么要这样做。

现在有不少学生，从小学到中学的人生目标都是被家长们规划好、安排好的，那就是"好好学习考上大学"，等到考上大学了，实现了家长为自己设定的人生目标，却忽然发现之后的人生目标没有了，就好比船到了码头，车到了站，以后的路不知该怎么走了。

其实大学里的生活丰富多彩，有适合不同学生发展的舞台，只要睁大自己的眼睛，好好审视一下自己，分析分析自己的性格、能力、特点、特长，挖掘一下自己的潜能，想一想自己适合向哪方面发展，在哪方面可以发展得更好，就不难找到落脚点。

同时，还要好好地观察和了解一下社会状况，看清楚现在社会需要什么样的人才，弄清楚有哪些领域适合自己发展。

这两者一结合，就不难找出自己人生发展的目标了。

有了目标，就有方向感了，这时再投入自己的热情和精力，必将从中得到潜力的发挥、能力的增长、劳动的收获，还会产生你从没有体会到的自豪感、充实感和喜悦感。

那时你还会有什么空虚和烦恼呢？

第四章

"君子不器"

——边成长边成才

"凡事预则立，不预则废"。

怎样把一件事情做好

> 我是一个有些浮躁的人，很难把一件事情从头至尾坚持下去。高中的时候因为有高考这个总目标，还能做到一心一意，上了大学之后，除功课之外有许多可以让我自由选择的兴趣和爱好，可是我的时间是在不停的选择和不停的放弃中度过的。回首想来，除了功课马马虎虎，自己还是一无所长、一无所获，我不知道该怎样坚持才能把一件事情做好。

一个人要一心一意把一件事情做好，第一，要禁得起外界的诱惑。生活中的诱惑什么时候都会发生，比如好看的电影、好玩的游戏、网上聊天、朋友聚会等。

你要知道人的任何行为，都是先有付出，再有回报的，其中有好的回报也有不好的回报，所以在任何一项付出之前，一定要考虑清楚这个回报值不值得，如果不值得，不管什么样的诱惑也坚决不去做。

第二，要有毅力。毅力表现在做任何事情都要有始有终，不半途而废。三天打鱼，两天晒网，再感兴趣再喜欢的事情也是做不成的。毅力是一个人的心理因素，是可以慢慢培养出来的，日常生活中做任何一件事情，都要在内心给自己打气，要求自己坚持下去。

比如给一件事情规定一个期限，如果是三十天的话，那就每天给自己倒计时，让自己坚持到三十天，不到三十天绝不放弃，一般来说一个好习惯的形成，大概要三个星期。日积月累地训练，慢慢地就能够超越自己了。

第三，实施的目标要具体和可行。目标制约着行动的方向，只有具体的、可行的目标，才有可能促使自己去为实现这一目标而坚持。具体的目标是指知道自己该做什么，该怎样去做；可行的目标是指与目前的自身条件、能力、环境相适应，只要通过努力就能够实现的。

想一想你所说的不停地选择和不停地放弃，也有可能你想要达到的目标根本就不适合你。

中国古代有句话"行百里者半九十"，指的是走到五十里不是一半，走到九十里才算一半。最后一段路是最难走的，它虽然只有十里之距，却是最容易疲劳、最容易懒惰的时候，也是最容易草草了事、前功尽弃的时候，所以非坚持住不可。

生活中有许多机遇，但机遇常常钟情于执着追求和坚持不懈的人。

成功的人没有懒汉

> 66我是一个比较懒惰的人，生活中没有规律，也没有自我约束，常常不按时完成作业，不爱打扫卫生，所有的衣服都穿脏了才突击洗一次，也不喜欢体育活动，最近上课经常迟到甚至逃课。我也想做一个各方面都很优秀的人，很想改变自己懒惰的毛病，可是没有人管我，我自己管不了自己。99

懒惰的简单词义是不爱劳动、不爱工作；偷懒、不勤快。深层次的原因是一种心理上的厌倦情绪，主要表现在日常学习和日常生活方面。

你不是希望自己做一个各方面都很优秀的人吗，那懒惰可是优秀的绊脚石，今天的校园生活也好，将来走向社会也好，任何事情不可能靠懒、靠等、靠要、靠别人送而获得，只有勤奋、努力、好学、上进，朝着预定目标不停地追求，才会到达你想要到达的顶点。

要克服懒惰心理，就要改变自己的人生态度，因为成功的路上没有懒汉。

你要想改变自己懒惰的毛病，那就要有决心，有毅力，还要持之以恒。

第一，生活要有计划。懒惰的人常常有明日复明日的想法，知道这件事应该在今天完成却非要等着明天去做。比如今天要交的作业，会找出各种各样的理由拖延，到了明天又有了新的任务，就无休止地拖延下去，最后不了了之了。你在生活中要有计划，要做的事情在规定的时间内必须完成，不完成就不去吃饭、不去睡觉，今日事，今日毕；为人做事要言必信，行必果。

为自己设定一个完成任务的时间表甚至是死期，提醒自己必须严守承诺，如果能够提前完成就会有一种成就感。

第二，给自己自信心。有懒惰心理的人，也是因为自信心不够，才会把事情一拖再拖，在拖的过程中其实内心是很焦虑的。你可以先选择一些难度很小的事或者是自己最爱干的事，比如想了很久要写却没有写的文章，想了很久想去却没有去的地方，那么马上就去做，因为愿意并且渴望，这个过程就会非常充实和愉快。因为充实和愉快就有了信心和动力。

第三，榜样的示范作用。有懒惰心理的人，也往往是缺少上进心的人，没有了上进心，生活中就会得过且过。可以在班级里或者是宿舍里给自己寻找一个学习勤奋、做事勤劳的同学做榜样，最好就是身边的人，这样每天都能看到他，看看人家在忙什么，专注什么，自己的生活也就有了内容和方向。

第四，要有人监督。有懒惰心理的人，相对来说自我控制的能力要差一些，所以管不了自己，要想克服懒惰心理，单靠你一个人孤军奋战有点难，最好有别人的监督和陪伴。找一个很要好的朋友，请他吃个饭，或者送他件礼物，拜托他做自己的临时"监护人"，两个人一同上课，一同自修，一同参加各种活动，人为地让自己没有懒惰的时间和机会。

看你还懒不懒。

不做被定义的"马虎人"

> 66 我是一个马马虎虎的人,做事常常不考虑后果,生活中常常手忙脚乱。有一次参加一个很重要的考试,我竟然忘记了在考卷上写姓名、班级和学号。我很想改掉自己的毛病,可又常常改不掉,不知道该怎么办。99

你知道吗,每学期的期末考试我都会发现不写姓名、班级和学号的考卷,我要很费力才能找到考生本人。所以马马虎虎看似不是什么原则问题,但在生活中给人的教训也真不少。你能够认识并想改掉自己的毛病,这很好。

古人待人处世上有一句话是"三思而后行",告诫我们遇大事不可鲁莽,要经过深思熟虑,这样才不会冒失以至于出错。

甚至十分强调,要思之再三,一思、二思都不够,要三思。你想,这是何等慎重。不少历代名人,都把"慎言""慎行"当作自己遵奉的格言警句,用大字写在醒目处,只要一抬头就可以看见。

现实的生活中我们倒没有必要这样草木皆兵，但是在交友、处事，或者完成某项任务的时候，每说一句话、每办一件事，都要考虑周全，以免出错或造成不应有的损失。

遇事做不到三思，也应该一思之后再做决断才好啊。

其实造成马虎的原因是多方面的，有的是性格问题，急性子就容易马虎；有的是态度问题，对生活和学习不认真也容易马虎；还有的是熟练问题，对知识半生不熟也可能马虎。解决马虎问题必须对症下药。

我估计你大概是个急性子，生活中风风火火，做事情就常常顾此失彼，过去有一句话"好记性不如烂笔头"，每天早晨列一个单子，提醒自己一天要做的事情，每天晚上检查一下，看是否有遗忘的事情。可以写在一张纸头上放在衣袋里，也可以存在手机的记事簿里。

现在手机都有提醒功能，设定好时间，它会提醒你；生活中自己用完任何东西都不要随手乱放，从哪里拿来再放到哪里去；在放东西的时候要想到以后还要用，放在固定的位置以后好找；在记忆某个重要信息时，在心里告诉自己，这个东西很重要，提醒大脑不要把它当作一般信息处理掉了。

做简单的事时，也不要认为简单就可以流于随便，也要认真对待。另外也可以请家人或好朋友帮忙监督，人多力量大，大家适时的提醒和帮助也有助于你养成良好的习惯。

从改变杂乱无章的生活开始

> 从小到大我的生活都是家长安排好的，我只管学习就是了，可现在我深深感到自己的生活常常是杂乱无章的，床铺、书桌总是越理越乱，英语学到了第四课，第二课的单词还不会背。看到别的同学轻松愉快地学习和工作，我不知有多羡慕，可是我自己常常是站在那儿干着急，却不知道该干些什么，我如何才能摆脱这种局面呢？

这是许多学生都面临的问题，现在的很多中学生都是"五包"出来的。衣、食、住、行家长包，学习老师包。到了住校生活时，家长鞭长莫及，老师又没有时间一天到晚跟着你，这时候，就真的要学会自觉和自立了。

生活中的杂乱无章很大程度是和你做事拖拉连在一起的，是不是？因为二者可以说是"相得益彰"的。

如果一个人同时面临着十件事情需要处理，那么单单是决定从何下手可能就要费一番功夫。

比如，家庭主妇，有二十件家务事要做，她看着这二十件事情，越看越烦，干脆一件事也不做，去看肥皂剧了。

人在邋邋遢遢的时候，总是随意选一件事干，或者干次要的事，而常常忽略了最重要的事情。

其实，要改变这一坏习惯也不难，那就是学会分清事情的轻重缓急。

根据轻重缓急来安排事情的先后顺序和每天的工作量，当日事当日毕，绝不拖到明天。每天晚上把所有第二天该干的事一一写在纸上，第二天你就可以按部就班地处理它们，每做完一件事，就高兴地在纸上划掉一项。

这个方法看起来也许是最简单不过的，但是真正执行起来可不是很容易的，要靠坚定的毅力才能完成。但你一定要坚持，在完成一件事之后，再着手去处理另外一件事情，一样一样地来，慢慢地你就会发现，这真是一个又省时间又省精力的好方法！

如何提高听课效率

> 66 我是一名大一新生，已经习惯了大学里的生活，只是在学习上还有点问题，我不太习惯大学老师的讲课方式，有时候一次课会讲书上的几十页，有时候就讲几页，而且也不提问，我难以听懂全部内容，上课的时候会感到紧张。不知道怎样的学习方法才能提升自己听课的效果？99

　　大学课程的内容非常丰富，而教学计划规定一门课一般一个学期36到54课时。因此，大学教师讲课大多只着重讲清思路，把重点、难点讲透就可以了，并不像中学老师那样面面俱到。如果是大班授课，由于人数和时间的限制，老师是不提问同学的，而且在课堂上留给学生思考的时间也不多。此外有些老师讲课的内容与教材有一定差别，会做一些取舍或补充。了解这一特点，才能处理好听课和思考的关系，才能跟上老师讲课的思路。

　　首先，大学生上课要学会集中注意力并善于分配注意力，要边听、边看、边想、边记；还要听准、听懂、听全。注意老师的手势、表情、板书、课件，有的课程还有挂图、影像等形象材料，要仔细观察，在大脑中加工整理，实现由感性到理性的飞跃。

其次，老师讲课的重点多在开场白、反复讲解处和结束语的提示或暗示中。开场白多是承上启下的，说明要讲授知识的来龙去脉、内容提要和方法；反复讲解的，多是重点和难点，要听好记好；结束语往往是小结、概括和要求，不要因为此时快下课就忽略了。所以必须做到不逃课、不迟到、不走神、不睡觉。眼到、耳到，手到和心到。

同时，上课的时候要紧跟老师的思路。思路就是思考问题的轨迹，一般的思路包括提出问题、分析问题、解决问题三个环节。好的课堂总是一个环节扣一个环节，前一个环节没听好就会影响下一个环节的接受，不能超前也不能滞后，有问题留待课后独立思考或向老师和同学请教。

另外，根据教学进度，课前如果能到图书馆或网上了解一些相关的知识和资料，提前了解课堂的内容，或是对内容的背景有一个大致的把握，将对在课堂上的理解非常有帮助，还能提高听课的自信心、激发对学习的兴趣。

大学里不同的老师有不同的特点，讲课风格也各有特色、各有千秋，大学新生要尽快适应并掌握规律，在学习方法上，要因师而学、因课而异。

合理利用时间

> ❝我是一名大二的女生，读的是工科，学习很紧张，每天上课、写作业、做实验、参加各种各样的活动，占用了我大部分时间。我希望自己能经常泡泡图书馆，阅读一些自己喜欢的文学和艺术作品，可是我根本没有时间，我该怎么办？❞

你能在紧张繁忙的专业学习之余坚持自己的爱好，来提高自己的文学和艺术修养，这对于一个工科大学生来说确实难能可贵。只要用心，你完全可以挤出时间并利用好时间的，我觉得你至少要做到以下几点：

第一，做最重要的事情。时间管理的精髓在于分清轻重缓急，大凡成功的人都是用分清主次的办法来统筹时间的，这样才能把时间用在最该用的地方。

上课、写作业、做实验对你来说是雷打不动的事情，其他事情如果说对你的生活、学业，甚至将来的前途没有影响或者说没有关系就可以放一放，在搞好专业学习的同时，来兼顾好你自己的兴趣和爱好，应该说是件很快乐的事情。

第二，善于把时间拆开来用。生活中我们每天都面临必须去面临的事情，没有大块的业余时间，当你想专心去做一件事情的时候，就会觉得时间不够用。

如果把时间一段一段地分开呢，你会发现在上课和去实验室之间有二十分钟的空隙；去体育馆健身的时候常常要排队，这个时候刚好你有一本口袋书，其实如果想看书的话，也不一定就要端端正正坐在图书馆里，你说是不是？

第三，要善于一心二用。这并不是鼓励你做事情心猿意马，而是说在一般情况下，我们完全可以在同一时间里做成两件事情。比如你在洗衣服的时候听广播和英语；在去上课的路上听你喜欢的古诗词课（这些在网上都有丰富的资源）；在校车上听一曲好听的古典音乐。这样充实的生活，该多令人羡慕啊。

第四，生活要有计划。谨慎地给自己制订一个时间表，养成"凡事预则立"的观念。不要把时间定得太松，但也不要太紧，应该留点适当的时间来应付不可避免的事情的干扰，这样就会比较从容。另外，给每件要做的事情规定个期限，有期限才有紧迫感，才能更好地珍惜时间，才不会眼高手低。

如何富有创造性思维

> 66 我是一名学工科的学生，整天和数字、图形打交道，我的理想是做一名优秀的工程师，当然啦，我也有做科学家的梦想。我对人文类的知识知道得很少，老师说现代的大学生既要具备科学素质又要具备人文素质，那什么是科学素质和人文素质？不具备人文素质就不能成为科学家吗？99

素质是人们经过学习而形成的内在的素养和品质，素质可以转化为人的外在行为，例如如何做人及处理问题的方式和方法。

素质具有多样性，包括人文素质、科学素质、身体素质、心理素质等。

科学素质是指人了解和掌握必要的科学技术知识，并具有一定的反应能力、接受能力、逻辑推理能力与演绎能力。

人文素质是指由人文知识内化成的人文精神，如气质、修养、情感、人生观、世界观、价值观等。如果说科学素质的重点在于如何做事，那人文素质的重点就在于如何做人；科学素质提供的是"器"，人文素质提供的则是"道"。

现代社会高素质的人才，是能够很好地融合科学素质与人文素质的人，只有两者相融合，造就出来的人才能称为高素质人才，比如优秀的设计师，出色的科研工作者。

为什么这样说呢？

首先，有句话叫科学没有国界。这是指科学不具有独特的民族性，它价值中立，主要是提供一种理性工具，它解决不了政治信仰、伦理道德、终极关怀等问题。科学既可以造福于人类，也可以给人类带来巨大的灾难，关键看人们怎么使用它。

第二次世界大战之后，有许多思想家和教育家开始反思，为什么科学技术会被德国、日本法西斯作为杀人的武器，用来发动侵略战争。

思想家们因此认同这样一个结论：一个人只有科学素质是不够的，还必须具有正确的价值取向，以人为本、关爱自然和人类社会的人文素质，这样科学技术才能转化为人类的福祉而不是灾难。

因此要使用好科学技术这把双刃剑，必须依靠人文精神的指引，正如爱因斯坦所说："光靠科学和技术，不能把人类带向幸福与高尚的生活，人类有理由将崇高的道德准则的发现置于客观真理的发现之上。"

其次，科学素质与人文素质融合才能形成正确的富有创造性的思维。科技创新，单靠逻辑思维是无法取得突破的，这需要人文精神的激励和支持。

《礼记·大学》里说"致知在格物""物格而后知至"。格物不仅要追求广博，还要每物皆格，更要追求穷尽，这样才能达到融会贯通的境界。

现代意义上的博学已不仅局限于某一学科领域，还体现在自然科学与社会科学的交叉，更体现在自然科学与社会科学的融合。

著名科学家钱学森曾提及自己对创新人才的看法：一个有科学创新能力的人不但要有科学知识，还要有文化艺术修养。他说，自己在科学上之所以取得如此的成就，得益于小时候他父亲不仅让他学习科学，还让他学习绘画和音乐，培养了他全面的素质。

钱学森在上海交大就读时是学校铜管乐团的重要成员，他也曾师从著名国画大师高希尧先生，在绘画方面具有很深的造诣。

因此一个人的人文文化背景越宽，视野就越宽，融会贯通的能力就越强，进而创新思维和能力就更强，也就更有可能接近科学的前沿。

怎样提高文学修养

> 66 我是一名理工科的学生，同时也非常喜欢文学艺术，但是我在高中的时候读的就是理科，文科类的图书读的不多，觉得自己的文学修养很不够，因此很想在大学里提高自己的文化素质，但不知道应该怎么做？ 99

你有这样的想法很好，现代社会对人才的要求是全方位的，外语听、说、读、写，学好每门专业课之外，还要有综合的文化素质，当然也包括文学素质。但这要有一个循序渐进的过程。

你先给自己列一个书单，可以请教一下中文系的老师，或者是到网上查一查，看看适合自己阅读的书有哪些，其中一定要包括一些文学经典。但是对经典的选读要根据自己的兴趣和爱好，否则就会感到很枯燥。

其次，阅读的时候要准备好一个笔记本，一边读的时候一边做一些读书笔记，碰到好的句子、段落就记下来，如果有空或感兴趣的话，还可以背下来。

同时还可以在笔记上记录一些自己对某些句子、章节的看法或评论。另外，可以和同学或者老师就有疑问或感兴趣的问题进行交流，比如参加一些读书会和文学社之类。相信这样一段时间之后，你的文学修养会有所提升。

我曾在电视剧《延安颂》中看到毛泽东给他儿子写信寄书。事实上在延安时，毛泽东确实曾两次寄书给正在苏联上中学的儿子毛岸英和毛岸青。1939年寄去的一批书，途中丢失了。1941年1月寄出第二批书时，他写信说："关于寄书，前年我托西安林伯渠老同志寄了一大堆给你们少年集团，听说没有收到，真是可惜。现再酌检一点寄上，大批的待后。"

"少年集团"，泛指和岸英、岸青一起读书的中国学生。这是一批什么书呢？毛泽东随信附了一张书单，并注明了册数。其中有《精忠岳传》《官场现形记》《子不语正续》《三国志》《高中外国史》《高中本国史》《中国经济地理》《大众哲学》《中国历史教程》《兰花梦奇传》《峨眉剑侠传》《小五义》《续小五义》《聊斋志异》《水浒传》《薛刚反唐》《儒林外史》《何典》《清史演义》《洪秀全》《侠义江湖》等。

当然由于历史和环境的原因，以上书目对于今天的青年学子来说是有局限性的，我们今天可以阅读的书目要宽泛得多了。

学学海豚的生存之道

> 66 暑假里我要参加一个社会实践活动，一行六个人去外地支教，这六个人里有我喜欢的，也有我不喜欢的。我们要共同完成从备课到教学的整个过程，有人搜集资料，有人做课件，有人上讲台。我很不习惯与别人合作，尤其是我不喜欢的人或者是与我兴趣爱好不一样的人。我很想退出，可是社会实践是学校的硬性要求，不参加就拿不到学分，我很苦恼。99

给你讲一个来自探索频道的真实故事。

在茫茫的大海里，几只零星的海豚在觅食。忽然，它们欣喜若狂地看到，在海洋的深处游动着一个很大很大的鱼群。

这时，它们并没有因为饥饿冲向鱼群，如果那样的话，鱼群就会被冲散。它们游动着尾随在鱼群后面，用特有的吱吱吱的声音向大海的远方发出召唤。一只、两只、三只、四只……越来越多的伙伴游过来，它们不断地加入队伍中一起高声呼唤着。已经到五十多只了，它们还没有停止。

当海豚的数量汇聚到一百多只的时候，奇迹发生了。所有的海豚围着鱼群环绕着，它们形成一个球状把鱼群围拢在中心，之后它们又分成小组有秩序地冲进了球形的中央，这时鱼群慌乱了，可是无路可走，它们变成海豚腹中的佳肴。

当中间的海豚吃饱后，就会游出来替换在外面的伙伴，让它们进去美餐。就这样不断地循环往复，直到最后，每一只海豚都得以饱餐。

这个故事告诉我们：第一，没有完美的个人，只有完美的团队。

这是20世纪被誉为"团队角色理论之父"的英国心理学家贝尔宾的观点。他认为一支结构合理的团队应该有九种角色：实干家、协调员、推进者、智多星、外交家、监督员、凝聚者、完美主义者、专家。

团队集中了形形色色的个人，贝尔宾分析了每一个角色的典型特征、积极性、弱点和在团队中的作用等。团队作为一个有机的、协调的整体，不论在数量还是质量上都是远远超出每个个体能力总和的新力量，也就是1+1>2的集成效果。

生活中一个人的智慧和力量总是有限的，无论社会怎样发展，科技怎样进步，都要靠彼此分工协作和集团军作战。

你们不是一行六个人嘛，可以形成一个很好的团队：做事仔细认真，平时知识面也比较广的同学负责搜集资料；计算机和多媒体技术比较强又有点审美情趣的同学做课件；口才好，应变能力强的同学上讲台。有句话叫"小成就靠个人，大成就靠团队"，你们这个团队定会是一个优秀的团队，也会赢得最终的胜利。

金无足赤，人无完人，至于喜欢不喜欢，性格是否合得来，真的一点都不重要。

第二，没有规矩，不成方圆。

孟子曰："离娄之明，公输子之巧，不以规矩，不能成方圆。"规和矩是古代木匠术语，"规"是圆规，木匠干活时会碰到圆的门窗、圆的桌椅等，就要用"规"来画圆；"矩"是曲尺，曲尺并非弯曲的尺，而是一直一横成直角的尺，是木匠打制方形门窗桌椅必备的角尺。

没有规和矩，就无法做成方形或圆形的东西。生活中"没有规矩，不成方圆"是强调做任何事情都不能盲目地自由。

作为一个团队，每个人都要服从命令听指挥，按照带队人员的要求规范自己的行为，不能搞个人主义，也不能自说自话，更不能以自我为中心，尤其是在陌生的环境里，彼此各行其是就会有许多不确定的事情发生。

你们应制定一个详细的日程安排和规章制度，像故事中的海豚一样，依规矩为人和做事，相信这次暑期的社会实践活动，会给你的学习生活留下难忘的记忆，也会更丰富你多彩的人生。

人人都有自己独特的气质

什么是气质类型？气质类型与一个人的工作、学习和生活有关系吗？怎样才能了解自己的气质类型？

公元前5世纪，古希腊有位名叫希波克拉底的医生，通过临床观察和社交场合的验证，认为每个人的身上都有四种体液，即血液、黏液、黄胆汁和黑胆汁。人体的健康就是靠这四种体液来调和的。

同时，他还认为这四种体液在每个人的身上所含的比例是不一样的，因而派生出暴躁、活泼、沉静和忧郁四种类型。希波克拉底把具有这四种不同气质特征的人分别称为多血质、胆汁质、黏液质和抑郁质的四种类型。

气质类型本身并无优劣之分，它只表明一个人心理活动的动力特征而不影响人的行动方向和内容，更不会影响一个人的成败与得失。

但因为气质类型的特征不同，对一个人的工作方式和生活态度会有影响。任何一种气质类型的人只要发挥他的长处，避免他的短处，都会帮助自己走向成功。

胆汁质的人，好似烈性的马。这种气质的人兴奋性很高，脾气暴躁，性情直率，精力旺盛，能以很高的热情埋头于事业。兴奋的时候，他有克服一切困难的决心，精力耗尽时，情绪又容易一落千丈。这种气质类型的人给人的印象是豪放、雄健和粗犷。《三国演义》里的张飞和《水浒传》里的李逵应该属于胆汁质的人。

多血质的人，如林间的奔鹿。热情，有能力，适应性强，喜欢交际，精神愉快，机智灵活，但是注意力容易转移，不愿意做耐心细致的工作。一旦遇到困难，或者需要付出艰苦努力的事情就容易引起情绪波动。《红楼梦》里的王熙凤和《西游记》里的孙悟空应该是多血质。

黏液质的人，宛若睡莲，给人温文尔雅的印象。他们平静，克制，忍让，生活有规律，不为无关的事情分心，善于埋头苦干，态度稳重，严肃认真，但是不够灵活，注意力不易转移，有点因循守旧，一旦遇到挫折还容易产生误会，形成对他人的偏见。比如《红楼梦》里的薛宝钗和《西游记》里的唐僧。

抑郁质的人，有点像圣母，给人典雅、端丽、恬静的印象。抑郁质的人细心，谨慎，内心体验深刻，善于发现别人不易觉察的细微事物，但是也比较敏感，孤僻，寡断，反应缓慢。由于过于谨慎、过于胆怯而多疑，一件无关紧要的小事也会瞻前顾后，疑虑重重。

《红楼梦》里的林黛玉和《水浒传》里的林冲应该是这种气质类型。

气质类型对学习活动会产生影响。胆汁质的同学学习热情高，但容易粗心、急躁；多血质的同学兴趣爱好广泛，但容易烦躁、不踏实；黏液质的同学刻苦认真，但是迟缓、不大灵活；抑郁质的同学思维深刻，谨慎细心，但精力不够，容易疲劳。

了解自己的气质，可以有的放矢地调整自己的学习方法，提高学习效率。

另外，了解自己和他人的气质在人际交往中也有意义。如果你向黏液质的人提出要求，应该给他一点考虑的时间；与胆汁质的人交往要有耐心，避免和他发生冲突；对抑郁质的人多给一些心灵的关怀和鼓励；等等。

图书馆里和网上都有关于气质类型的测试题，可以找来给自己测试一下，对更好地了解自己、发挥潜能有帮助。

怎样给自己定位

> 我现在读大三上学期，由于大一大二一直上基础课，我没有考虑过自己将来的人生该怎样发展，该成为一个什么样的人。我一直对自己有很高的期望值，但这个期望值很模糊，我不知道自己的生活该怎样定位，也不知道怎样的自我定位才是合适的。

一座建筑的墙上刻着这样一句话："在这个世界上你是独一无二的一个，生下来你是什么人，这是上天给你的礼物，你将来能成为什么人，这是你给上天的礼物。"

生成什么样的人，你无法选择，将来成为什么样的人，则由自己来创造，这就是自我定位。

所谓自我定位，就是在很好地认识和了解自己以后，确立自己将来在社会上所处的位置和大概的行动方向。

哲学家笛卡儿还提出了"用心灵的眼睛去注意自身"，这也揭示了人的自我认识及对自我认识发现的途径。

现在的用人单位最不喜欢的求职者有两种类型：第一种是只要录用我，什么样的单位，薪水多少都行；第二种是只要薪水高，工作环境好，岗位和专业都不重要。

第一种连自己是什么样的人，能干什么样的工作都不知道，用人单位不愿意要；第二种人，他只看重薪水和环境，却不在乎岗位和专业，用人单位会认为这样的人可能工作不稳定，甚至只是把这里当成跳板，因此也不愿意要。所以每个人都要给自己定位，合理的自我定位很重要。

那怎样给自己定位呢？有人做过这样的调查，大多数青年人不知道自己想干什么，那就先问自己五个问题：我要去哪里？我在哪里？我有什么？我和别人的差距在哪里？我要怎么做？

这五个问题包含了目标、条件、距离、计划等因素。对大学生来说首先要考虑的是上大学意味着什么，自己在大学里最希望得到的是什么，自己的特点或特长是什么，现在社会上对人才的要求是什么，自己这一生当中最重要的又是什么。

搞清楚这几个是什么，就能够给自己一个合适的定位，有了合适的定位，也就有了明确的人生目标。你要学会做自己人生的领航员，没有人能够引领你走一辈子的路程，所有的路要靠你自己。

设计好大学里的人生目标

> 66 我是一名大二的同学，经过了一年独来独往紧张又单一的专业课学习，我开始思考，在大学里什么是最重要的，是学习成绩重要还是做人的态度重要，如果说是做人的态度重要，那怎样做人才是正确的？在大学里该怎样做人或者说应该成为一个怎样的人？99

如你所说，大学生应该怎样做人或者说应该成为一个怎样的人呢？这是当前教育的大课题，更是学生思想教育的大课题。

中国古代讲"修身、齐家、治国、平天下"。修身就是要修养自己，修养自己要"正心诚意"。正心就是要把良心放正，诚意就是要意念真诚，这是做人的根本，是道德教育的底线。

说到这里有点小儿科是不是？因为同学们在中小学就开始接受行为规范的教育了，比如遵守纪律、爱护公物、保护环境等，但这些是表象的行为规范，由于容易被老师检查到和被同学看到，学生就很容易做到。

但是到了大学里，由于生活环境的变化、社会活动的变化、学习要求的变化，大学里的老师不可能面面俱到，大学同学之间也往往是各忙各的，彼此缺少了或者说没有了监督的义务，人就很难做到自觉和自律了。所以在大学里"做人"更重要。那如何"做人"呢？

第一，要有一颗感恩的心及健康的人格。我认为这是现代人所缺失的。感恩的心，就是对世间所有人、所有事物给予自己的帮助表示感激并铭记在心。

感恩是流传了几千年的中华民族的传统美德，在今天却渐为一些人遗忘了。青少年拥有了感恩的心，就会有一个积极正确的人生观和价值观，一种健康向上的心理状态。人格包括气质、性格、自我调控等。健康的人格，比如悦纳自我，接纳他人，稳定、乐观的情绪和情感，坚忍的意志品质，等等，这是青少年个体身心发展的重要保证，也是青少年适应社会、充分发挥自己能力的心理基础。

第二，修己慎独、表里如一。现在社会上的"假冒"和"虚伪"现象，对人们的不良影响就是表胜于里和爱虚荣。

要学会慎独，要于细微处见精神，在日常生活中，在不起眼的小事上培养自己的道德素养，在"隐"和"微"的地方下功夫，从大处着眼、小处着手，防微杜渐。古人之所以提出"慎独"这个概念，是因为在无人的状态下，要做到光明磊落、表里如一是件很不容易的事情。我们要知晓道德修养不是给别人看的，而是自己要求自己做一个高尚的人、有修养的人、言行一致的人和诚实的人。

第三，生活中勤俭节约，学会理财。勤俭节约是中华民族的传统美德。现代人大富即奢，小富即安，身为学生应该知道自己家里的经济状况和父母每年每月为自己的支出，要体会到父母工作、赚钱的艰辛，生活中就要勤俭节约、精打细算。

如果自己的家庭生活很富裕，那勤俭节约的传统也不能丢，要正确区分小气与节俭、大方与浪费的界限。学生在学生时代就养成勤俭节约的习惯，就能在走向社会的过程中养成"尚俭"的美德，如果将来走向领导岗位也能做到节俭与廉洁。

第四，培养社会责任感，参加公益性活动。校园里有许多社团组织在从事着各种各样的社会公益性活动，如志愿者队伍，定期去老人院、孤儿院看望，义教，绿色环保回收，给社会弱势群体以亲情化的关怀和帮助，等等。

积极参与这些活动，让自己在这些活动中知道什么叫人人为我、我为人人，学会急他人之所急、想他人之所想，学会感受为他人服务的快乐。这样既提高了自身的综合素质和社会实践能力，也培养了社会公德意识和社会责任感，从而再带动他人，影响社会。

毛遂自荐可以吗

> 我是一名大二的学生，在学校学生会社会实践部工作，实践部的负责同学最近作为交换生去国外学习了，我想毛遂自荐做社会实践部的负责人。我在实践部工作已经半年多，日常事务性的工作我也熟悉，我想借助这个平台，锻炼自己各方面的能力，将来成为一个优秀的人才。可是我有点不好意思，不知道自己该不该自荐，自己是否适合自荐。

校学生会是学生自己的组织，也是学校联系学生的桥梁和纽带，同学们在这里自我服务、自我管理、自我教育，开展丰富多彩的课外活动和社会服务。

学生会的社会实践部门因为要参与各种社会实践活动，可以让学生在实践中增长知识和才干，还可以增强学生的志愿服务意识和社会奉献精神。你说你想借助这个平台，锻炼自己各方面的能力，这是很好的事。

生活中有些机会不会随时随地降临每个人的头上，所以也没有什么不好意思的，主动出击当然比守株待兔要强。但是你在自荐之前也要考虑到这样几个因素。

第一，看自己是否拥有可以自荐的能力。毛遂自荐是自己给自己搭建一个舞台，在这样的舞台上，怎样把自己的能力和特长展示出来才是最重要的。

我给你讲一个真实的故事。有一家公司招聘部门主管，大厅里挤满了前来应聘的人，连公司内部的人员都挤不进去了。现场非常混乱，这时有个应聘的小伙子灵机一动，他挤到工作人员面前，转身面向拥挤的人群高声喊道："大家不要挤，按秩序排好队，请排成三排，第一排先来，一个一个上。"

应聘者也不清楚，以为他是考官呢，就很自觉地排好了队，招聘的工作人员一下子轻松下来了，大家各就各位。应聘的小伙子把大家的简历一个一个收上来，交给工作人员，他自己的简历也在里面。他的举动给工作人员和现场的考官留下了深刻的印象，他被录取了。

第二，要权衡好专业课学习和社会活动的关系。主动与被动，工作的效果大不同，别人对你的期待也大不同，你要承担的责任更大不同。既然是负责人，投入的时间和精力比普通的工作人员就大得多，你的学习成绩怎么样？课业的压力大不大？大学里有的专业大一相当于高四，非常紧张，大二也不轻松；而有的专业从大一起就不太紧张，大二会很轻松，大三更轻松。

我知道有的学生出于热情、兴趣和爱好，学生会、同学会、各种各样的社团组织，什么都忙活了，最后才发现自己学业的绩点都没有达到，甚至接近被退学的边缘，这样的案例在校园里是很多的。学生毕竟要以学业为主，不要喧宾夺主，顾此失彼，你一定要把握好。

第三，要做好两手准备，掌握自荐的技巧。可以婉转地与学生会主席或者负责老师沟通一下，介绍自己半年来在实践部工作的经验和体会，如果有可行性的话，还要仔细地做一个接下来的工作方案。沟通的时候，要给自己留点余地，如果不成功也不会影响你以后在学生会的工作，更不会让自己在老师和同学面前尴尬。

如何展示自己

> 我发现很多同学都很会展示自己，无论在人际交往中，还是在社会实践中，他们往往表现得出类拔萃和引人注目。我认为我的能力也不比他们差，可是我仍然默默无闻，在人群中我常常不被人注意，我该如何培养自我展示的能力，让更多的人知道我呢？

你用了展示一词，展示就是摆出来给别人看。巴金在《海的梦》里有这样一句话："花园里展示着更丰富的生命，而我的房里却只有孤寂。"你因为不会展示自己，大概也有点孤寂吧，所以人也是需要被别人注意或者说是需要表现自己的。

展示在很多情况下是一个人主动性的表达，是一种积极向上的人生态度，你想到要改变自己，培养自我展示的能力，这很好。

一个人要想展示自己是多方面的，只要发挥自己的长处，避免自己的短处，是很容易引人注意的。想一想你认为的出类拔萃和引人注目的人，是哪方面让他们出类拔萃和引人注目的。

你说你的能力不比别人差，这个能力指的是什么呢？是学习成绩和动手动脑的能力吗？如果是的话，自己还缺少什么呢？我看到过这样一个公式：一个信息表达的总效果=7%的语言+38%的声音+55%的面部表情。

前面我们说过，第一印象的形成时间只有四秒，而完全扭转却要四十个小时。初次交往人们往往会从服装、头发、姿势、表情、声音、谈吐等来判断这个人很优秀或者是很一般。

如果觉得我说得正确的话，你就可以开始从这些方面来完善自己，凸显你的个人魅力，加深人们对你良好的感觉和印象，从而在人际交往、社会活动、毕业时候的面试及你将来的工作中取得胜人一筹的成绩，你自然也就变得出类拔萃和引人注目了。

你说自己在人群中是默默无闻、不被人注意的，可能这种默默无闻对你来说已经成为一种习惯了，而习惯又具有很大的惯性，不是一下子就能改变得了的。你现在需要的就是勇气和胆量，试着每天改变一点点，每天在集体中展示一点点。

平时要处处做个有心人，先从仪表形象、举手投足、坐立行走等生活的点滴之处入手，通过自我审视来改进自身的不足；再在语言的表达上，做到准确、精练、平易、生动，还要有感染力和亲和力。

最重要的是态度的改变，有人说天堂里其实也是黑的，但是天使是亮的。学着去做别人的天使，慢慢地自己的身边也就有了天使。

　　试试这样去做，加上你的自信和热情，你的人气指数就会不断上升。其实从幕后到台前也就那么几步，先迈出第一步，就会有第二步、第三步、第四步，那离成功就不远了。

人生一定要有信仰吗

> 现代社会人们注重的往往是眼前利益，不大关心诸如信仰之类的精神需求，认为信仰是高高在上的东西，那什么是信仰？信仰是怎样产生的？人的一生一定要有信仰吗？

信仰，是指人们对某种理论、学说、主义的信服和尊崇，并把它奉为自己的行为准则和活动指南，它是一个人做什么和不做什么的根本准则和态度。

人类实际上是一种群居动物，单个人在大自然中很难生存，而群居的人必然要有个首领，这个首领通常是体力最强、智商最高、德行最好的一个人，他有足够的力量带领这个群体寻求共同生存和发展。

这个首领分配事务给大家，大家对他唯命是从，信任他而且仰仗他，这大概就是最初产生的"信仰"。

人们在与大自然的搏斗中，发现大自然的力量是如此强大，人们无法逃避也无法战胜，比如巨大的灾难、疾病等，就连那个身强力壮的首领也无法应对，人们慢慢就把这一切归结为有一种超自然的力量或者神在控制着，人们开始相信并且膜拜这个超自然的力量或者神。

围绕着这个命题人们各尽其能，得到很多不同的解释，有系统的，有不系统的，有具体的，有不具体的，以适应不同的群体不同的精神需求，因此就形成了有着不同信仰的团体。各个团体之间为谋求生存和发展，彼此开展不停的争论甚至战争。

从这个意义上说，没有信仰的人是没有归属感的，是孤单、无助和缺乏安全感的。

目前在这个世界上，有很多可以被信仰的东西，社会主义、共产主义、国家主义、人文主义、基督教、佛教、伊斯兰教等，人总是需要一个的吧。如果一个人说他什么都不信，他只相信他自己，那他应该属于个人主义和实用主义的范畴。

信仰有科学信仰和非科学信仰之分。非科学信仰是盲从和迷信。科学信仰来自人们对实质和理想的正确认识。

科学正确的信仰符合人类社会的发展规律，是社会进步和文明的动力。"长河无声奔去，唯爱与信仰永存"，这是舞剧《永不消失的电波》的最后一场大幕落下后，幕布上出现的文字。在这个生命世界中，一定有真善美的存在，也一定有一种值得人们信奉的信仰。信仰穿越时空，激励着一代又一代的人，前赴后继，终生无悔！

今天当我们谈到爱国主义

> 66 现在一些人很自我，很少会考虑个人与社会、个人与国家之间的关系。和平年代远离了战火与硝烟，不需要抛头颅、洒热血，那人们的爱国主义情感怎样体现呢？ 99

人一定要爱自己的祖国，而且别无选择，就像人不能选择自己的父母一样。

一个人出生在这块土地上，接受这块土地上的文明，包括物质文明和精神文明，如语言和文字，风俗和习惯，等等，你就要责无旁贷地爱这块土地。以后不管走到天涯海角，都不应该忘记这块生你养你的土地，就像你必然要爱你家乡的父母一样，我觉得这是一个人爱国情感最基本的底线。

人一定要爱自己的祖国，因为爱国是无条件的。中国人常说一句最朴素的话"儿不嫌母丑"，爱自己的祖国不会因为祖国的贫富强弱而有所差异，如果觉得我们的祖国还有种种不尽如人意的地方，我们就来建设和改造她吧。

努力学习科学文化知识，掌握富国强国的本领，想想这是一件多么崇高的使命。所以对我们当代青年来说，做一个坚定的爱国者也是思想道德教育的一项非常重要的内容。

有人说，在21世纪的今天，科学技术的快速发展使得国与国之间的距离越来越小，人们的活动范围已经不只限于自己的国家了，世界变成了地球村。再讲爱国主义还有没有实际意义？爱国主义是不是狭隘的民族主义？

20世纪八九十年代曾经有一种错误的观点，认为科学技术已经国际化了，爱国主义已经过时，没有实际意义了，尤其是西方一些资本主义国家，在意识形态领域的文化渗透，以开放的世界观念来否定以国家利益为核心的爱国主义观念，认为爱国主义是狭隘的民族主义。

当然世界经济和科学技术的飞速发展，先进的交通工具和通信手段使世界变得越来越小，地球变得越来越小，只要我们拥有了一台电脑便可以知晓全世界。但是我告诉你，只要世界是以国家来划分的，只要国家依然存在，爱国主义就是永远不变的律条，不认同自己的民族就只有做异族之奴。

现在世界上国家之间以大压小、以强凌弱、以富欺贫的局面并没有改变，国与国的竞争依然十分激烈，贫穷和落后依然要受制于人。

科学家巴斯德曾表示："科学无国界，科学家有自己的祖国。"这句话后一半是对的，前一半也要具体分析，科学本身是人类文明的成果，是人类共同的财富，在这个意义上科学无国界是对的。

但从另外的意义上说科学也是有国界的，在现实社会中有些国家的科学技术尤其是高科技往往是保密的，还要采取种种措施防止泄露，并不是无条件地公开和共享的。

所以这个时候讲爱国主义非但没有过时，反而更要坚持和发扬，一个有出息、有作为的民族必定要高扬爱国主义的旗帜。

其实，热爱自己的祖国是世界上任何一个国家、任何一个民族的共同情感。

波兰著名的音乐家肖邦，因自己的祖国被沙俄侵战而无法归国，在国外侨居了十八年。在这漫长的异乡漂泊岁月中，他始终珍藏着一个银瓶——那里装着他祖国的泥土。临终之际，他考虑到波兰华沙反动政府不会允许将他的遗体运回波兰，便恳求他的妹妹把他的心脏带回祖国，埋葬在家乡的墓地中，并撒上那个银瓶中的泥土。

1847年9月，美军攻入墨西哥城，当时一个军校的学生为守卫城堡与侵略军决一死战。弹尽粮绝之后剩下六位十四至十九岁的少年士官生，五位小英雄先后战死，最后一位少年叫蒙特斯，为了不让国旗落在敌人的手中，他扯下国旗裹在身上，纵身跳下峡谷，慷慨就义。

至于和平年代的爱国主义如何体现，我觉得下面这段文字非常值得我们借鉴——欧洲旅游总会建议旅游者应该遵循的两条首要原则：

"第一，您不要忘记，您在自己的国度里不过是成千上万同胞中的一名普通公民，而您在国外就是'西班牙人'或'法国人'。您的言谈举止决定着他国人士对您的国家的评价。

"第二，如果您无意中感到，国外的一切比不上自己的国家，那么，请您永远待在家中；如果您觉得外国的一切都更好，您就不要返回祖国，因为您没有祖国。"

传统文化"舍"与"得"

> 现在国学很热，社会和学校都讲要继承和发扬中华民族的传统美德，但我发现有些传统的东西是落后的，对于今天的发展建设没有什么现实意义，那么传统文化该如何去继承和发扬呢？

对一个民族来说，最可怕的不是科学技术的落后，而是文化的断层和民族精神的缺失。中国传统伦理道德中的一些内容，常常被称为传统美德，既然是美的东西就可以被继承下来，但是继承不是简单地照搬，而是分析、选择、批判地继承。

比如传统道德中"不患寡而患不均""等贵贱，均贫富"等内容，对当时封建社会那种"富者田连阡陌，贫者无立锥之地""朱门酒肉臭，路有冻死骨""厨中有剩饭，路上有饥人"等不合理社会制度来说有进步意义，应该说是一种美德。

但在目前的社会经济体制下，这种崇尚平均主义的道德观念就非常落后了，不利于社会的发展。还有传统伦理道德中的孝敬父母，要求父母在，不远游，父母死后要守孝三年，不可以出远门，而我们今天提倡的是好儿女志在四方。

这些传统的内容早已不具备现代意义了，所以生搬硬套或故步自封，往往会弄巧成拙，既不能很好地发挥传统美德应有的作用，也会使美德丧失了生命力。

反过来，全盘抛弃不符合文化的传承性，也不利于改善社会风气，尤其是传统美德中的一些内容，比如《论语》中说："其为人也孝弟，而好犯上者，鲜矣；不好犯上，而好作乱者，未之有也"，这句话的意思是：一个懂得尊敬父母和爱护兄长的人，自然会尊重万物，敬重所有的生命，轻易触犯和侵害的行为就不大会有；而一个没有侵犯心理的人，自然也不会成心捣乱和故意破坏秩序。这些传统文化显然是有进步意义的，对现实生活起到了价值引领和文化自信的作用。

道德不是空中楼阁，道德的根基就是孝悌和仁爱，这是中国传统家文化的核心，是一个人安身立命的根本，是人的情感世界的纽带，也是一个人进行自我约束和自律的道德方法。

再比如说，传统文化中诸如"君子谋财，取之有道""老吾老以及人之老，幼吾幼以及人之幼""天时不如地利，地利不如人和""天人合一"等理念，对现代社会仍存在的道德滑坡、亲情缺失、见利忘义、破坏自然环境等问题，都有净化和教化的作用。

所以我们要用科学的态度，挖掘、梳理出有用的内容，与时俱进地加入一些现代社会的内容，除旧布新，发扬光大。

21世纪是东西方文化全面交流的时代，21世纪也是复兴中华民族文化的时代。我们在坚守自己文化的根本，固守自己民族精神的同时，还要学习西方文化，吸取精华，剔除糟粕，推陈出新，为的是更好地弘扬和传播中华优秀传统文化。

与青春有关的句子

青春，凡走过必留下痕迹。

1

一个人看得有多远，取决于他站得有多高；一个人走得有多远，还要取决于他与谁同行。

2

一个人在年轻时候所结交的朋友，可能会影响到他将来的人格，甚至人生。

3

如果你的朋友有些不好的行为，而你又改变不了他，那就离他远一点，生活会改变他的。

4

我跟学生说，把你的不开心、你的委屈、你的无奈，存在一个文档里，几年以后打开来看，嗨，一点都不重要。

5

看不起别人的人是内心缺乏尊重和感情的人。

6

人生就像一条航船，目标就是灯塔，你要驶向你的目标，你不能够调整灯塔的位置，你只能随时准确地调整自己的方向，不管是风平浪静，还是惊涛骇浪。

7

生活中每个人都应该有自己的目标和方向，不能跟着感觉走。找不着北的人才跟着感觉走呢。

8

人生好比流水，可以干枯，但是不可以浑浊。

9

尊重别人是一种教养。一个满身污渍的拾荒人挡住了你的路，你是冷着脸说："让开！"还是和蔼地对他说："对不起，先生！麻烦您让一下，让我过去好吗？"

10

修养是一个人魅力的体现，一个有修养的人，宠辱不惊，处事不乱，得意不忘形，失意不失态，不论对待什么身份的人，都能做到彬彬有礼。

11

把感激写在脸上，别人看得到，就会回馈给你明媚的阳光。

12

魅力来自教养，礼仪塑造人格。

13

品格在关键的时刻表现出来，修养在无关紧要的时候形成。

14

忍耐比欣赏更艰难，但这是我们成长过程中的一种历练。

15

与其说是别人让你痛苦，还不如说是自己的修养不够。

16

批评人是为了帮助人，可把人批评得自尊心都没了，那么再好的用意都没有用了。

17

嫉妒别人的理由是自己不够幸运，那就化嫉妒为力量吧，把酸葡萄咽下去，变为营养，激发生命的创造力。

18

再好的朋友也不希望你给他添太多麻烦，所以，千万不要过多地期待别人的帮助，否则，你一定会失望。

19

一个人呱呱坠地来到这个社会上，就生活在前人创造的物质环境和精神环境之中，并接受既定的生活方式和文化教养方式。离开了社会，个人是无法生存下去的。

20

小聪明靠天生，大聪明靠学习。学习的途径一是观察，二是动手。

21

民间有句话：眼是懒汉，手是好汉。习惯了衣来伸手、饭来张口、养尊处优的日子，就会失去独立思考和独立动手的能力。

22

人生不如意十之八九，有些人的不如意十之八九是矫情。

23

烦恼缘于超前的意识和滞后的行为，定好了目标就开始行动吧，不要踌躇满志地去排队，就是不前进！

24

在看重物质的时代，泥沙俱下，有人同流，有人合污。一个人要想做到对物欲的超越，一定要有强大的精神和文化做支撑。

25

一个内心世界丰富的人是不会把物欲看得太重的，按照西方心理学家和生物学家马斯洛的需要层次论来说，人的物欲需求是一个人最低层次的需求，人的高层次的需求是理想、信念和社会认同。

26

人生的最高境界不在于拥有什么样的身份、地位、财富，还是过着什么样的日子，而是死了之后，提起他，和他没有任何血缘关系的人会无限感慨、无限怀念甚至泪流满面。

27

道，是道路的意思，也指事物发展的路径、规律和变化；德，是通假字"得"。"以善念存诸心中，使身心互得其益"，这就是"内得""以善德施之他人，使众人各得其益"，这就是"外得"。

28

老子的"道可道，非常道"，可以这样理解：道是可以说明的，道也是可以理解的；道是不同寻常的，道不是一般的道。

29

道德也叫内得于己，外施于人。内得于己是道德规范，外施于人是道德行为。

30

现代人的解释，道德是由经济基础决定的一种意识形态，它以善恶为标准，是通过社会舆论、传统习俗和人们的内心信念来调整人们的行为和规范的总和。

31

《荀子·劝学篇》里说："故学至乎礼而止矣，夫是之谓道德之极。"意思是如果凡事都能按着礼的规定去办，就算是达到道德的最高境界了。

32

道德的作用是调整人与人之间、人与社会之间、人与自然之间的关系。道德的任务是抑恶扬善。

33

法律可以阻止人产生犯罪行为，但是阻止不了人产生犯罪心理，而道德则是人内心的法，灵魂的堤坝。

34

社会容纳什么不等于社会倡导什么，而今天社会所倡导的也大多是我们所缺失的。

35

老子曰："祸莫大于不知足，咎莫大于欲得。故知足之足，常足矣。"人最大灾祸皆因于物质的欲望。在这个世界上有多少诱惑，就有多少欲望，人要禁得起诱惑。

36

传统文化是一个民族群体意识的载体，可以说是国家和民族的"胎记"，是一个民族得以延续的"精神基因"。

37

任何一个物质财富飞速发展的时代，同时也必须是一个崇尚精神文化建设的时代。

38

爱国是人的道德底线，一个人尽己所能，为国家和人民做出了力所能及的贡献，就可以无愧于爱国者的称号。爱国是一颗平常心，就像在母亲面前尽孝一样，只要愿意去做，谁都能做到。

39

爱国是一种尊严，不存在懦弱，也没有退缩，对祖国的热爱，产生了勇敢、智慧和忠诚。

40

爱国是一种责任，责任就是必须去做的事。"国家兴亡，匹夫有责"，任何人都有自己的祖国，就像父母养育了我们，总要孝敬父母吧，总不能吃了这棵树上的果子，再踢这棵树一脚。

41

爱国主义意味着爱祖国的大好河山；爱国主义意味着爱祖国的灿烂文化；爱国主义意味着爱自己的骨肉同胞；爱国主义意味着爱自己的国家。

42

爱国主义是一个历史的范畴，不同的历史时期、不同的阶级有不同的回答。但不管是古代部落间的剧烈冲突，还是随之而来的交汇融合，爱国之情始终是中华民族几千年来永久不变的深厚情感。

43

哪一个民族，哪一个国家，哪一个时代，爱国主义都是一种精神，一种力量，一种思想，一种永远也不过时的时尚。

44

人的情感在很大程度上来自个体的情绪体验，没有体验就不会有觉悟，有了"觉"，才能够领悟和顿悟。

45

青年兴，则国家兴；青年强，则国家强。过去我们常常说青年属于未来，其实青年就属于现在。当年马克思和恩格斯完成《共产党宣言》，分别是三十岁和二十八岁；列宁参加马克思主义小组活动的时候十八岁；孙中山提出"振兴中华"的口号时二十八岁；毛泽东、周恩来、蔡和森、陈潭秋、邓中夏等都是在二十岁左右就投身革命的。

46

爱因斯坦说过一段话："光靠科学和技术，不能把人类带向幸福与高尚的生活，人类有理由将崇高的道德准则的发现置于客观真理的发现之上。"自然是伟大的，人类是伟大的，然而充满了崇高精神的人类活动才是伟大中之尤其伟大者。

47

伦敦海格特公墓里马克思的墓碑上，镌刻着马克思的一句名言：

"哲学家们只是用不同的方式解释世界，问题在于改变世界。"这是马克思与其他哲学家的区别。

48

源静则流清，本固则丰茂；内修则外理，形端则影直。良好的品德修养是一个完整的人应该具备的素质；它不仅可以使人得到平和的心境与健康的心理，也会得到他人的尊敬和社会的认可。

49

一个懂得感恩的人才会懂得爱的真正含义，亲情是一本需要人们敞开心扉认真阅读的书。

50

中国传统文化强调孝道，认为孝是伦理道德的核心，是为人处事的根本。忠与孝是相互联系的，由孝推及忠，在家尽孝，于国才能尽忠啊。

51

孩子，你知道吗？你不在家，你父母想你的程度永远超过你想家的程度，打个电话或者视频一下吧。

52

不要以为你不想家，家里就不想你，校园里的大学生成千上万，而你父母的孩子只有你一个。

53

在家庭教育中，言传不如身教，遗传不如环境。

54

生命的价值在于劳动和创造，生活的意义在于感恩与分享。

55

青少年要学会感恩父母；学会承担自己在学校在家庭的责任和义务；学会感受为他人服务的快乐；学会在乎每一个人；学会尊重每一个人。

56

生活是被子，爱是缝在被子里的线，线藏在被子里，外表看不见，但是因为有了线，被子才牢固。

57

不要嘲笑你的老爸老妈如何土气，如何不够时尚，他们年轻的时候可比你酷多了，之所以变成今天这个样子，是因为这些年来一直在为你买单，还要给你烧饭，给你洗衣，给你收拾房间。换成你试试。

58

你的生活是不是幸福，只有你自己知道，就如同穿鞋子，幸福不是给别人看的。

59

高智商的人有进取心和创造力，但高情商的人更善于去应付生活中的荣辱与沉浮。

60

都市生活中心灵的漂泊常常带来的是个人主义与感情无涉，人与人之间的疏离和冷漠，让人流越拥挤的地方，心灵的距离越远。

61

一个老农，劳作了一天，全身舒展躺在床上，"啊，好幸福！"

这就叫感知幸福，现代人要有感知幸福的能力。幸福是一种智慧。

62

有些人不会预支消费，但是常常预支烦恼。其实明天的烦恼今天是无法解决的，每天都有每天的功课要交，还是把今天的作业做完吧。

63

当你觉得自己很失败，并且为这种失败感到悲哀痛苦的时候，那就马上去学些什么东西。因为学习会使你立于不败之地。

64

现实是此岸，理想是彼岸，中间是湍急的河流。

65

不要过于频繁地发呆，而且一呆就收不回来，呆得太久，浪费青春，浪费生命。

66

生活中有很多重复的工作和举手之劳的事情，但很多人都是半途而废的，如果能够把坚持并当成一种习惯，成功就不再遥远。

67

一个人在车水马龙的街道，不知道往哪里走了，干脆就站住不动，不动就不会有车来撞你，你也就不会受伤。

68

不要坚持不懈地追求一个不太可能追求得上的男生或女生，既耗时间又耗自尊。

69

每个人都是自己人生舞台上的主角，你不要到别人的剧场里去找你自己，你会发现在舞台上和观众席里都没有你自己，因为你的人生不在别人的剧场里。

70

一只猎狗追一只兔子，怎么追也追不上。一只山羊看到此情景，嘲笑猎狗说："你怎么连一只兔子也追不上，它比你可弱小多了。"猎狗说："你不知道，我要满足的只是一顿午餐，它要保住的可是一条命啊。"

一个人如果努力还不够的话，那说明他的痛也许还不够。

71

有些人的心理年龄与生理年龄不符，不愿意长大、拒绝长大，实际上也是不想承担责任。

72

人的生理成长只是一个过程，而人的心理成长却是一辈子的事情。

73

好高骛远的理想只能是空想，理想的实现是由一个个短期目标、中期目标和长期目标一点点修正累积而成的。

74

困难是人生中不可缺少的一部分，面对困难的态度决定一个人是成功还是失败。

75

完成一项任务是需要灵感的，可是你不要坐着等待灵感，只有在行动中才能激发或者获得灵感。

76

决定了的事情马上就去做，只有行动才能导致下一步行动，这是自然规律。

77

上学期间一定要多读书，因为你不知道哪本书以后有用，所以只有多读书。

78

人生是好是坏，并不完全由命运来决定，而是由你的信念和处世的心态来决定。生命就像一条河流，在岁月的原野上流淌，你不主动地、有计划地掌握航向，它就会随波逐流，消逝在连你自己也不知道的地方。

79

其实命运就如同掌纹，虽然弯弯曲曲，却握在你自己的手里。

80

不要与无聊的人打交道和在无聊的事情上纠缠。时间过得很快，把握好时间是意志力的一种表现。

81

当陷入某种困境时，做最坏的准备，就增强了自己的心理承受力，再朝最好的方面去努力，就形成了积极的人生态度。

82

善恶之别泾渭分明。善虽小，也不失为善；恶虽微，终究是恶。生活中要注重大节，但是小节也不能忽视。"千里之堤，溃于蚁穴"，小事情上不注意，就会酿成大错误。

83

"千里之行，始于足下。"青少年要有做小事情的精神，才能产生做大事情的气魄。小事可于细微处见精神，可谓性格决定命运，细节决定成败。

84

生活中有许多事情让你觉得不公平，你因此而苦恼，试问一下自己："我的苦恼能让不公平的事情变得公平起来吗？"如果不能，苦恼有什么用呢？把苦恼的时间用在学习上吧。

85

不要和别人攀比，聪明的人不把别人的成功当成自己的失败，你没有失败，你只要不断地超越自己就是了。

86

生活中有时候也会遇到不讲游戏规则甚至是蛮横不讲理的人，这时候你要敬而远之。恶人自有恶人磨。你是好人，有许多更重要更有意义的事情需要你去做。

87

一个人可以不聪明，但是不可以不善良。

88

看一个人有没有内涵，一看谈吐，二看着装。看谈吐看出一个人的学识和修养；看着装看出一个人的品位。

89

时尚是对待生活的一种态度。

90

敲门一般一次三下，一共三次不超过九下，敲过九下还没人应，要么没人，要么此时不方便。

91

上楼梯身体的重心在前脚，下楼梯身体的重心在后脚。腰身要挺直，脚步要放轻，男同学千万不要一步跨两级楼梯，那会让人觉得你不够稳重。

92

出门的时候走到门前，把门拉开之后转过身来，面向房间里的人退身出去，让对方目送的是一张微笑的面孔，而不是后背和双腿。

93

不要隔着一条马路喊人的名字，只要招招手就可以了，马路上有许多不确定的因素，对于陌生人来说，名字是隐私。

94

写信息的时候用"本人"，写文章的时候用"笔者"，尽量少用"我"字；与别人说话多用"我们"；介绍自己与他人的时候，把他人的名字放在前面，如"某某和我去参加了这个活动"。

95

有的人很无聊，他以为你也很无聊，于是他就找你不停地聊、不停地聊，你就不停地看表、不停地看表，他就不好意思再打扰你了。

96

当你想对一个人说"不"的时候，最好把这个"不"咽下去，说成"我不敢确定""恐怕需要很长的时间""我会努力，但是很抱歉"……

97

现在的女孩子说话喜欢用感叹句："好好看啊！"，"好好喝呀！"，偶尔用可以活跃谈话的气氛，用多了，模糊了主要词语的重要性。换一种语气，用四个字的成语代替，其实，更生动。

98

握手的时候一定要站起来，不可以坐着。握手的时间一般是三至五秒、三至五下，时间太短不礼貌，时间太长让人尴尬。

99

人的眼睛是会说话的，当和某个人的目光相遇的时候，记得要轻轻地打声招呼，可能会有意外发生。

100

没有冰能够拒绝被太阳融化，谁会拒绝你的赞扬呢?

101

一个人很愤怒，他要向你发火，你想办法让他坐下来再说，因为人坐着时候的愤怒比站着的时候要轻得多。

102

一群人在说说笑笑，你千万不要问："你们在说什么?"而是要问旁边的人："他们在说什么?"

103

只有善于与人沟通的人和拥有良好人际关系的人才容易抓住成功的机会。

104

不要抱怨命运对你不公平，命运对你的不公平正是对别人的公平。所以，你要努力奋斗，通过你的努力来争取你命运的公平。

105

嫉妒别人的人，也就失去了向别人学习的机会。

106

不要小看生活状况不如你的人，尊重别人才是尊重自己，去掉外包装，你一点都不娇贵。

107

教养是一种潜在的魅力；教养是一种内敛的修为；教养是万紫千红、繁花落尽后的云淡风轻。

108

屠格涅夫告诉我们，如果你怒火中烧，就要口不择言的时候，将舌头在口腔内转十个圈来加强自我克制。

109

当你与人争吵或某一情景让你愤怒的时候，可以采取转换话题的办法或暂时离开这一环境，到一个安静的地方去，或者到一个自己平常高兴去的地方去，使自己静下心来。再回头，已经风平浪静，事过境迁了。

110

同学之间如果把对方当成自己的竞争对手，那就无法汲取他人成功的经验；要把自己当成自己的对手，才能不断战胜自我，超越自我。

111

人生有的时候就像是一支铅笔，你想让自己写出字来，就要允许自己被别人握在手里，你不能盲目自由。

112

有一句话叫"性格决定命运"，还有一句话叫"习惯决定成败"。养成一个好习惯至少要三个星期，破坏一个好习惯只需一瞬间。

113

人生本来就是一段艰难的历程，一时的失意或者失败并不重要，只要你自己不倒，没有人会把你打倒。

114

苦难是人一生的财富，可是你的一生永远被苦难着，也就不是什么财富了。如果你已经战胜了苦难，那还真的是一笔财富。

115

一个人一心渴望成功，成功却了无踪影；一个人认真做好每一件小事，成功不期而至。

116

把努力当成一种习惯，当成一种积累，也当成一种智慧，你会收获一种水到渠成后的惊喜。

117

艰辛知人生，实践长才干，青少年要积极参与社会实践活动，要善于为实践而学习，在实践中学习。

118

人定胜天指的是集体的力量大如天，个人的力量有的时候是很渺小的，你改变不了你所处的环境，改变不了周围人对你的看法，所能改变的只有你自己。

119

19世纪英国的道德学家塞缪尔·斯迈尔斯说："哪一个民族缺少了品格的支撑，那么就可以认定它是下一个要灭亡的民族；哪一个民族如果不再崇尚和奉行忠诚、诚实、正直和公正的美德，它就失去了生存的理由。"

120

科学技术是一把双刃剑，它最终给人类带来的是祸还是福，取决于人的道德责任，如果没有良好的品德修养，就不可能把科学技术应用到合乎人类发展的正确途径上来。著名未来学家奈斯比特曾提出："21世纪是高科技与高情感相结合的时代，我们不可能只选择贫穷的道德，但也绝不需要富裕的堕落，因为这两种生活都不符合人类的需要。"

121

许多人不喜欢把道德挂在嘴边，要么认为虚伪，要么认为是空洞乏味的说教，但是对于一个国家和民族来说道德就像空气和水一样不可缺。一个没有道德素养的民族是不可能走向成熟的；一个没有道德素养的国家也是不可能强大的。

122

"干事业有条件要上，没有条件创造条件也要上。"这是上个世纪六十年代的一句口号，这句话是有道理的，消极的人做事情一拖再拖，总是想等到各方面条件尽善尽美了再动手，结果时间就耗在了无休止的等待中，别人的工作已经完成了，他还没开始呢。

123

中国古代十分强调修养的作用，孔子说"修己以敬"，只有修养好自己的品德，才能严肃认真地对待一切事物；孔子还说"修己以安百姓"，只有修养成高尚的品德，才能使老百姓安定。《大学》里说，"格物、致知、诚意、正心、修身、齐家、治国、平天下"，把"诚意""正心""修身"提到"治国""平天下"的高度，强调"自天子以至于庶人，壹是皆以修身为本"。

124

《礼记·中庸》说："莫见乎隐，莫显乎微，故君子慎其独也。"一个有道德修养的人，独处一室，无人监督，也能小心谨慎，坚持自己的道德信念，不做任何不道德的事。在公共场合，由于有人监督和公共舆论，人们容易约束自己的言行，但在无人知晓的环境下，要做到光明磊落、表里如一，就不大容易了。

125

人是社会关系的总和，个人的价值和创造离不开社会和他人，那个人对社会和他人就要负起应负的责任和义务。

126

人生是一个艰难的过程，这期间会发生什么，还真是难以预料，所以坚强的意志力是一个人生命历程中必备的个性品质，是战胜苦难、迎接挑战、开拓创新的人格基础。

127

责任，简单来理解是一个人不得不做的事，和一个人必须承当的事情。责任是人活在世上必须背负的东西。

责任在生活中联系着痛苦与快乐。痛苦是因为我们背负着责任，快乐是因为我们负了责任。责任的基本内容是对自我负责、对他人负责、对社会负责。

128

先天下之忧而忧，后天下之乐而乐；士不可不弘毅，任重而道远。这是中国知识分子的精神，这是中国知识分子的风骨，这是中国知识分子的风骨品格。

129

一个具有民族自尊心和自豪感的民族能够清醒地认识到自己的长处，也能够认识到自己的不足；

一个拥有民族自尊心和自豪感的民族，既尊重别的民族，又决不允许自己民族的尊严和荣誉遭到歧视和凌辱；

一个拥有民族自尊心和自豪感的民族，在任何艰难困苦的情况下，都能不屈不挠、顽强奋斗，争取胜利。

130

古希腊哲学家毕达哥拉斯把人生比喻为运动会，在运动会上，有四类人：第一类是前来一显身手的"竞技者"；第二类是来出售商品的"经商者"；第三类是来喝彩并会晤朋友的"喝彩者"；第四类是来看热闹的"观赏者"。

　　"经商者"在人生的"运动会"上为了获得利润;"喝彩者"对他人和社会评头论足,并把自己居于他人之上;"观赏者"东张西望、逍遥自在,做与世无争的旁观者;只有"竞技者"才是生活的强者,他们在人生的跑道上,无论是第一名,还是最后一名,都以坚定的意志、顽强的精神,大步往前跑。

阅读反馈

认识自我、改变自我、突破自我，做一个闪闪发光的少年！从书中你受到了哪些启示，还有怎样的心声想要吐露？

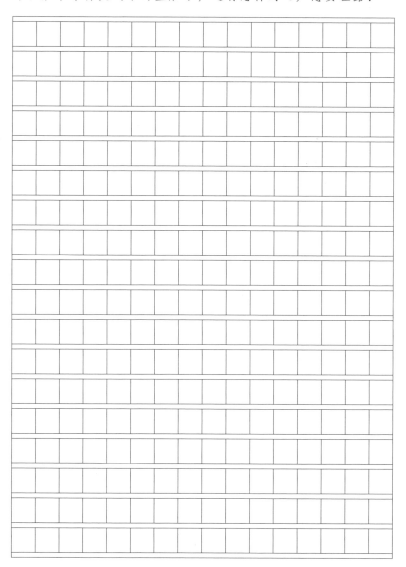

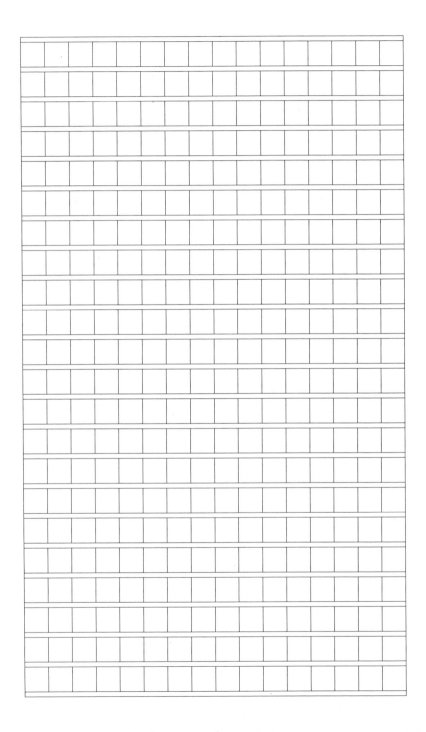